utb 4667

Eine Arbeitsgemeinschaft der Verlage

W. Bertelsmann Verlag · Bielefeld
Böhlau Verlag · Wien · Köln · Weimar
Verlag Barbara Budrich · Opladen · Toronto
facultas · Wien
Wilhelm Fink · Paderborn
A. Francke Verlag · Tübingen
Haupt Verlag · Bern
Verlag Julius Klinkhardt · Bad Heilbrunn
Mohr Siebeck · Tübingen
Ernst Reinhardt Verlag · München
Ferdinand Schöningh · Paderborn
Eugen Ulmer Verlag · Stuttgart
UVK Verlagsgesellschaft · Konstanz, mit UVK/Lucius · München
Vandenhoeck & Ruprecht · Göttingen
Waxmann · Münster · New York

Basiswissen Philosophie

herausgegeben von
Michael Quante und Simon Derpmann

Ariane Filius · Sibille Mischer

Philosophische Texte schreiben im Studium

WILHELM FINK

Die Autorinnen:

Ariane Filius, M.A., ist wissenschaftliche Mitarbeiterin am Philosophischen Seminar der WWU Münster und leitet die dort angesiedelte Schreibwerkstatt. Außerdem gibt sie als freiberufliche Dozentin bei verschiedenen Bildungsträgern Kurse zum wissenschaftlichen, biografischen und kreativen Schreiben.

Dr. Sibille Mischer ist wissenschaftliche Mitarbeiterin am Philosophischen Seminar der WWU Münster; ihre Arbeitsschwerpunkte liegen in der Praktischen Philosophie und der Philosophie des 18. Jahrhunderts. Sie hat an verschiedenen Hochschulen Kurse zum wissenschaftlichen und literarischen Schreiben gegeben.

Online-Angebote oder elektronische Ausgaben sind erhältlich unter **www.utb-shop.de**

Bibliografische Information der Deutschen Nationalbibliothek
Die Deutsche Nationalbibliothek verzeichnet diese Publikation in der Deutschen Nationalbibliografie; detaillierte bibliografische Daten sind im Internet über http://dnb.d-nb.de abrufbar.

© 2018 Wilhelm Fink Verlag, ein Imprint der Brill-Gruppe
(Koninklijke Brill NV, Leiden, Niederlande; Brill USA Inc., Boston MA, USA; Brill Asia Pte Ltd, Singapore; Brill Deutschland GmbH, Paderborn, Deutschland)

Internet: www.fink.de

Printed in Germany.
Herstellung: Brill Deutschland GmbH, Paderborn
Einbandgestaltung: Atelier Reichert, Stuttgart

UTB-Band-Nr: 4667
ISBN 978-3-8252-4667-9

Inhalt

Online-Material:
1. Eine Zusammenfassung schreiben
2. Ein Exzerpt erstellen
3. Fokussiertes Free Writing
4. Mit einem Cluster arbeiten
5. Eine Gliederung erarbeiten
6. Eine Gliederung annotieren
7. Ein Exposé verfassen
8. Ein akademisches Journal führen
9. Beispiele für Einleitungen

www.utb-shop.de/9783825246679

1. Einleitung

Wer als Philosophiestudent seine erste Seminararbeit schreiben soll, steht vor einer bislang unbekannten Herausforderung. Viele Studienanfänger wünschen sich dafür Anweisungen, die leicht zu befolgen sind und – ähnlich einem guten Kochrezept – möglichst zuverlässig zum gewünschten Ergebnis führen. Doch die Kunst, einen guten philosophischen Text zu schreiben, lässt sich nicht in Form solcher Anweisungen vermitteln. Wenn Sie gute Seminararbeiten schreiben wollen, sollten Sie vielmehr die Werte und Ziele kennen, denen das Schreiben einer philosophischen Arbeit dient. Hieraus ergeben sich viele der Anforderungen, die an Sie gestellt werden – diese zu verstehen ist viel hilfreicher, als ein paar Regeln zu kennen. Wenn Sie z.B. verstehen, dass man in einer Seminararbeit nicht seinen Wissenstand präsentiert, sondern eine umgrenzte philosophische Fragestellung bearbeitet, dann fällt es Ihnen leichter zu entscheiden, welche Inhalte Sie darstellen sollten (nämlich nicht alles, was Sie gelesen haben, sondern das, was zur Sache beiträgt). Wenn Sie verstehen, dass Zitate kein Selbstzweck in wissenschaftlichen Texten sind, sondern dazu dienen, Behauptungen zu belegen und andere Überzeugungen wiederzugeben, dann können Sie sie auch richtig in Ihrem Text einsetzen und wissen, wann Sie darauf verzichten können (nämlich dann, wenn sie jenem Zweck nicht dienen).

Dieses Buch will Sie dazu befähigen, gute Seminararbeiten zu schreiben, indem es Ihnen zu verstehen hilft, was man beim Schreiben einer solchen Arbeit eigentlich tut. Ganz grundlegend ist die Einsicht, dass Sie dabei rhetorisch handeln: Das Ziel der Arbeit besteht darin, eine (ideelle) Leserin zu einer bestimmten Überzeugung zu bringen. Hierzu müssen Sie bei der Aufbereitung der Problemstellung, aber natürlich auch bei der Darstellung Ihres Lösungsvorschlags den Wissensstand sowie die Erwartungen Ihrer Leserin berücksichtigen. Kurz, Sie müssen sich rhetorisch an Ihre Leserin anpassen. Da Letzteres in der Philosophie nicht selbstverständlich, aber für das Schreiben von Seminararbeiten besonders zentral ist, begründen wir es in Kapitel 2 ausführlich.

Um Ihre Aufgabe zu verstehen, müssen Sie auch wissen, welche Rolle das Schreiben im Philosophiestudium hat und warum Sie überhaupt Seminararbeiten schreiben sollen. Für viele Studenten sind solche Texte eine unangenehme Pflicht, die sie, wann immer es geht, vermeiden. Viele bevorzugen Klausuren und mündliche Prüfungen, da ihnen diese Formen vertraut sind, weniger voraussetzungsreich und vielleicht auch weniger arbeitsintensiv erscheinen. In Kapitel 3 werden Sie u.a. erfahren, warum es zwar schwierig, aber durchaus lohnend ist, im Studium eine Seminararbeit zu schreiben.

Im anschließenden 4. Kapitel wenden wir uns spezielleren Kriterien zu, denen Ihre Seminararbeit genügen sollte. Spätestens hier ist eine Einschränkung angebracht: Was einen guten philosophischen Text ausmacht, ist philosophisch umstritten. Wir knüpfen in diesem Ratgeber an eine philosophische Tradition an, die auf Klarheit der Darstellung, Problemorientierung und eine strukturierte Argumentation Wert legt.[1] Die meisten gegenwärtig lehrenden akademischen Philosophen wünschen sich entsprechende Texte von ihren Studenten, so dass Sie sicher sein dürfen, hier Ratschläge zu finden, die zum philosophischen Mainstream gehören. Auch in diesem Abschnitt werden wir unsere Antworten stets zu begründen versuchen. Daneben werden wir Ihnen anhand von Beispielen erklären, wie die Umsetzung gelingen kann.

Im letzten Kapitel beantworten wir Fragen, die Studenten in unseren Sprechstunden sehr oft stellen. Wir haben uns bemüht, kurze Antworten zu formulieren, die unabhängig von den vorausgehenden Kapiteln verständlich sind. Wir verweisen aber immer wieder auf die theoretischen Grundlagen in den früheren Kapiteln zurück.

Im Online-Material, das unter www.utb-shop.de/9783825246679 bereitgestellt ist, finden Sie zusätzlich kurze Anleitungen zu Methoden, die wir in diesem Ratgeber ansprechen, sowie Beispiele für Einleitungen und Hinweise auf Formalia wie Formatierung, Zitierregeln und Ähnliches.

Unser Band konzentriert sich auf die Textsorte der philosophischen Seminararbeit. Damit sind Texte gemeint, die in Form einer kleinen Abhandlung ein philosophisches Problem bearbeiten. Darunter fallen auch Bachelorarbeiten, Masterarbeiten (die allerdings aufgrund ihres größeren Umfangs auch komplexere Problemstellungen behandeln können), und je nach dem zugrunde gelegten Essay-Begriff auch philosophische Essays. Das akademische Vorbild für solche Arbeiten sind Aufsätze in philosophischen Fachzeitschriften.

Die Zielgruppe unseres Bandes sind vor allem Studenten der Philosophie und benachbarter Disziplinen; es würde uns freuen, wenn er außerdem Dozenten dabei unterstützt, studentische Seminar- und Abschlussarbeiten zu betreuen.

Dank

Für Rückmeldungen und Anregungen zu den verschiedenen Teilen dieses Ratgebers sind wir einigen Menschen zu Dank verpflichtet: David Löwenstein, Walter Mesch und Niko Strobach haben uns geholfen, die schlimmsten Schnitzer aus Kapitel 2 zu tilgen; Markus Seidel hat wertvolle Anmerkungen zu Kapitel 4.6 ge-

---

1   Die heute an vielen philosophischen Instituten gepflegte analytische Philosophie ist dieser Tradition besonders verpflichtet, aber auch viele ältere Klassiker der Philosophie haben Wert darauf gelegt, verständlich und strukturiert zu schreiben.

geben; Jule Maciejewski hat den ganzen Text Korrektur gelesen und das Literatur-verzeichnis erstellt; etliche Studenten, die ungenannt bleiben wollten, waren be-reit, Ausschnitte aus ihren Seminararbeiten für den Band zur Verfügung zu stellen. Dies erfordert Mut, vor allem, wenn die eigenen Texte als Beispiele dafür herhalten sollen, wie man es besser nicht macht. Die FAQ.s gehen auf die Schreib-tutorien an unserem Seminar und verschiedene Workshops zurück, in denen wir Studenten ermutigt haben, ihre Fragen zu stellen. Wir hoffen, dass wir mit dem fertigen Band ein wenig an sie zurückgeben können.

Anmerkung zu den Pluralformen

Vielleicht stolpern Sie darüber, dass wir im Plural von Studenten, Dozenten, Au-toren, Lesern sprechen – und nicht von Studierenden, Lehrenden, Schreibenden und Lesenden. Die zuletzt angeführten Verlaufsformen haben sich in den Ver-lautbarungen von Behörden und Einrichtungen des Bildungswesens ebenso wie in Studienratgebern weithin eingebürgert. Auch Bezeichnungen wie „Studenten-werk", „Studentenberatung", „Studentenausschuss" sind Auslaufmodelle. Mit „Studenten", so erscheint es heute vielen, spricht man exklusiv von männlichen Personen und die ständige Rede von den „Studentinnen und Studenten" ist recht umständlich, deswegen soll die Begriffsneuschöpfung „Studierende" eine Lösung bieten. Diese Bezeichnung wird als geschlechtsneutral empfunden.

Aber viel haben wir damit nicht gewonnen. Das Wort „Studenten" hat sich nämlich aus dem lateinischen Partizip Präsens „studens" (Plural: „studentes") entwickelt und bedeutet „strebend nach", „sich bemühend um", also „studie-rend". Es meint diejenigen, die nach Wissen streben, Männer wie Frauen und auch sonst alle anderen geschlechtlichen Identitäten.

Doch zu dem im allgemeingültigen Sinne gebrauchten (generischen) Masku-linum „Studenten" kann man die weibliche Pluralform „Studentinnen" bilden. Dies wirft die Frage auf, ob man nicht immer beide nennen müsste. Um weite-re geschlechtliche Identitäten einzubeziehen, wurden u.a. der Gendergap („Stu-dent_innen") und der Genderstern („Student*innen") vorgeschlagen.

Wir haben uns gegen diese Formen entschieden, weil wir die grafischen Vari-anten äußerst unschön und unkomfortabel beim Lesen finden. Zudem haben sie den Nachteil, dass die intendierte Inklusion akustisch nicht transportiert werden kann. Und die Rede von den „Studierenden" ist im Deutschen offenkundig irri-tierend, weil man mit der Verlaufsform eigentlich etwas ausdrückt, das gerade ge-schieht. Manchmal schlafen, feiern oder essen Studenten. In diesen Situationen sind sie keine Studierenden, sondern Schlafende, Feiernde oder Essende, aber natürlich weiterhin Studenten. Wer heute vermeintlich politisch korrekt sein will, muss auch, wenn es sich denn ergibt, von „den schlafenden Studierenden" und „den ehemaligen Studierenden" sprechen. Und je mehr sich die substantivierte

Verlaufsform etabliert, scheinen „die Studentin" und „der Student" abhandenzukommen und man liest, dass „die Studierende" „den Studierenden" trifft oder in der Prüfung mehrere „weibliche Studierende" erschienen.

Um Unschönheiten bis hin zu Unsinnigkeiten zu vermeiden, sprechen wir daher von Studenten, Dozenten, Autoren und Lesern und meinen damit natürlich immer Menschen aller geschlechtlichen Identitäten. Es ist uns bewusst, dass man Menschen mit sprachlichen Mitteln sozial ausschließen kann und es in einigen Fällen von Diskriminierung wegweisend und wirksam ist, wenn Menschen ihre Sprachgewohnheiten verändern. Inwieweit die gegenwärtigen Entwürfe einer gendergerechten Sprache ihr Ziel erreichen, steht auf einem anderen Blatt.

2. Logik oder Rhetorik? Logik und Rhetorik!

Argumente bilden den Kern wissenschaftlicher Auseinandersetzungen und sind Teil von Alltagsdiskussionen und öffentlichen Debatten. Was aber ist eigentlich ein Argument? Im Alltag ist es üblich, zunächst alle Wortbeiträge, durch die Diskussionspartner ihr jeweiliges Gegenüber für ihre Ansichten und Pläne gewinnen wollen, als „Argumente" zu bezeichnen. Dieser Begriff von Argumenten orientiert sich an der Absicht der Redner: Argumente sind Redebeiträge, mit denen wir andere überzeugen wollen.

Verschiedene Bedeutungen des Worts „Argument"

Eine Überzeugung ist nach einem verbreiteten philosophischen Begriffsverständnis die Annahme, dass etwas (eine Behauptung, eine Theorie o.ä.) wahr ist.[1] Wenn man argumentiert, will man seine Zuhörer oder Leser also dazu bringen, etwas für wahr oder plausibel zu halten, woran sie vorher zweifelten oder wozu sie sich schlicht noch keine Meinung gebildet hatten.

Mit diesem Vorhaben kann man scheitern, nicht alle Argumente sind tatsächlich überzeugend. Dies gilt in der Philosophie genauso wie in anderen Bereichen, in denen diskutiert wird. Mit der Frage, welche Argumente überzeugungskräftig sind und warum sie es sind, befasst sich traditionell die Disziplin der *Rhetorik*. Ihre Wurzeln reichen bis tief in die Antike zurück. Ursprünglich zielte sie darauf, Rednern in politischen Versammlungen und bei Gericht Anleitungen für erfolgreiche Reden an die Hand zu geben und zu verstehen, wie und warum bestimmte kommunikative Mittel wirken. Mit der Zeit weitete sich der Fokus, indem die Rhetorik nicht mehr nur die Mittel politischer und juristischer Reden, sondern aller möglichen Text- und Redeformen analysierte und entsprechende Empfehlungen ausgab. Daneben bestand schon früh ein eigenständiges wissenschaftliches Inter-

Rhetorik

---

1 Vgl. z.B. Schwitzgebel (2015).

esse an der Praxis und Funktionsweise der menschlichen Rede. (Es liegt z.B. Aristoteles' *Rhetorik* zugrunde.)[2]

Wir werden darauf gleich noch zurückkommen, wollen uns aber zunächst noch einer zweiten Bedeutung des Worts „Argument" zuwenden. Jeder kennt Einwände wie: „Sie mag zwar viele überzeugt haben, aber eigentlich hat sie keine echten Argumente vorgebracht." Dies lässt darauf schließen, dass wir einen Begriff von Argumenten haben, unter den *nicht jeder* Diskussionsbeitrag fällt, der Überzeugungen hervorbringt, sondern nur solche, die bestimmten Kriterien genügen. In der Philosophie hat man sich genauer mit diesen Kriterien befasst. Man unterscheidet hier zwischen der inhaltlichen und der formalen Seite von Argumenten. Argumente, die sowohl inhaltlich als auch formal korrekt sind, nennt man „beweiskräftig".[3]

Sachkenntnisse

Logik

Um ein Argument auf seine *inhaltliche* Richtigkeit hin zu überprüfen, braucht man Sachkenntnisse. Je nach Thema kann es sich dabei um Erfahrungen, Allgemeinbildung oder Fachwissen oder auch um mehreres davon handeln.[4] Wenn man hingegen wissen möchte, ob ein Argument *formal* korrekt, also *gültig* ist, braucht man Kenntnisse in Logik und Argumentationstheorie, zwei verwandten Disziplinen der Philosophie.[5] Um die

---

2   Unser Band steht sowohl in der Tradition der praktischen wie auch der theoretischen Rhetorik, weil wir Ihnen nicht nur Empfehlungen geben wollen, sondern immer auch versuchen werden, Ihnen die systematischen und historischen Hintergründe zu erläutern, die uns zu diesen führen.

3   Leider gibt es im deutschen Sprachraum keine einheitliche Terminologie für das, was wir hier mit den Worten „Gültigkeit" und „Beweiskraft" bezeichnen. Die sehr gute und viel verwendete Einführung in die Argumentationstheorie von Holm Tetens spricht zum Beispiel von „Schlüssigkeit", wo wir (wie eine Vielzahl von anderen Einführungen) den Ausdruck „Gültigkeit" verwenden. Was wir hier als „Beweiskraft" bezeichnen, nennt Tetens hingegen „Gültigkeit". Im englischen Sprachraum ist die Unterscheidung terminologisch eindeutiger: Wenn ein Argument insgesamt gut oder beweiskräftig (oder, bei Tetens, gültig) ist, dann nennt man es „sound"; wenn es formal korrekt, gültig (oder, bei Tetens, schlüssig) ist, dann wird es als „valid" bezeichnet.

4   Die verschiedenen Quellen unseres Wissens und ihr Verhältnis zueinander werden in der Erkenntnistheorie untersucht. Während sich die anderen Einzelwissenschaften in ihren Argumentationen in der Regel nur auf das jeweilige Fachwissen stützen, greift die Philosophie auch Erkenntnisse anderer Wissenschaften und sogenanntes Alltagswissen auf.

5   Gültig ist ein Argument, wenn aus der Wahrheit der Voraussetzungen die Wahrheit der Schlussfolgerung folgt.

Mehrdeutigkeiten der Umgangssprache zu vermeiden, werden Argumente in der (deshalb so genannten) formalen Logik in einer Formelsprache dargestellt. Die Argumentationstheorie legt den Fokus dagegen stärker auf informelle Weisen des Argumentierens, wie sie in Alltagsdiskursen, aber auch in vielen Wissenschaften üblich sind.[6] Sie behandelt vor allem die psychologisch naheliegenden Schlussformen, analysiert sie anhand von typischen Fällen und in Abgrenzung von typischen Fehlschlüssen und verzichtet dabei meistens auf eine Formalisierung.[7]

Beweiskraft und Überzeugungskraft liegen quer zueinander. Die Beweiskraft (oder der Mangel an Beweiskraft) ist eine objektive Eigenschaft von Argumenten, mit der sich Logik und Argumentationstheorie befassen. Ihre Überzeugungskraft dagegen ist eine subjektive, leser- oder hörerrelative Eigenschaft (überzeugend ist ein Argument *für* Personen), mit der sich die Rhetorik befasst. Die beiden Eigenschaften können, müssen aber nicht zusammenfallen. Erstens ist nicht alles, was Menschen überzeugt, auch beweiskräftig, und zweitens ist nicht jedes beweiskräftige Argument überzeugungskräftig.

Weil logische und argumentationstheoretische Kenntnisse unerlässlich sind, wenn man philosophieren will, ist an nahezu allen philosophischen Instituten eine Einführung in die Logik und Argumentationstheorie ein zentraler Bestandteil des Studiums. Früher gehörte auch die Rhetorik neben Logik und Dialektik zur Grundausbildung jedes angehenden Wissenschaftlers.[8] Heute hingegen findet eine systematische Ausbildung in Rhetorik nicht statt, auch wenn an einigen philosophischen Instituten mittlerweile wieder Veranstaltungen zur Einführung in das philosophische Schreiben angeboten werden. Für Studenten ist es

Beweiskraft und Überzeugungskraft

Logik und Rhetorik im Studium

6　Einen vorzüglichen Überblick über die verschiedenen Ansätze der Argumentationstheorie und der ihr nahe verwandten informellen Logik findet man bei Groarke (2017).

7　Es ist umstritten, wie das Verhältnis zwischen formaler Logik und Argumentationstheorie genau zu bestimmen ist. Die verschiedenen Einschätzungen hängen u.a. davon ab, ob man unter Argumenten alles versteht, was eingesetzt wird, um andere zu einer bestimmten Überzeugung zu bewegen, ob man darunter nur überzeugungskräftige oder sogar nur beweiskräftige Argumente fasst. Im letzten Fall rückt die Argumentationstheorie in die Nähe der Logik, in den ersten beiden Fällen in die Nähe der Rhetorik.

8　Zur ersten Einführung in die Geschichte der Rhetorik sehr hilfreich ist Fuhrmann (2003 u.ö.).

wichtig, sowohl den Zusammenhang als auch den Unterschied zwischen Beweiskraft und Überzeugungskraft zu verstehen, um die Kenntnisse, die in den Einführungsveranstaltungen in Logik und Argumentationstheorie vermittelt werden, für ihre Seminararbeiten fruchtbar machen zu können.

2.1 Die Kritik an der Rhetorik

Sowohl die Logik wie auch die Rhetorik befassen sich, wie gesagt, mit der Güte von Argumenten, aber sie tun es unter unterschiedlichen Gesichtspunkten. Viele Wissenschaftler und besonders auch Philosophen halten die logischen Gesichtspunkte für ausschlaggebend. Trotz ihrer Verankerung in der europäischen Bildungsgeschichte hat die Rhetorik daher unter ihnen einen etwas zweifelhaften Ruf. Insgesamt lassen sich drei Arten von Einwänden identifizieren: Die Rhetorik steht erstens im Ruch, als Werkzeug der Manipulation zu dienen. Zweitens wird dem Rhetorischen vorgeworfen, bloßes Beiwerk zu sein. Und drittens steht es im Verdacht, für die Philosophie (und die Wissenschaft im Allgemeinen) gar nicht einschlägig zu sein. Alle drei Einwände müssen entkräftet werden, um freizulegen, worin die Rolle der Rhetorik für das Verfassen philosophischer Texte besteht.

Einwände gegen die Rhetorik

2.2 Dient Rhetorik der Manipulation?

Platons Kritik an der Rhetorik

Moralische Bedenken gegen die Rhetorik wurden schon von Platon stark gemacht; sie richteten sich vor allem gegen die Rhetorik in der Form, wie sie ihm zu seiner Zeit entgegentrat. Sie beruhen darauf, dass die Rhetoriklehrer des vierten vorchristlichen Jahrhunderts zugleich zur sogenannten Sophistik gehörten und als solche einen mehr oder weniger stark ausgeprägten Relativismus vertraten. Grob gesagt, ist nach relativistischer Ansicht jede Meinung gleichermaßen gerechtfertigt. Daher kommt es, so die Grundidee der darauf fußenden Rhetorik, im Spiel und Widerspiel der Meinungen zuletzt nur auf die psychologische *Macht* der Rede an. Ob die Schlüsse, die gezogen werden, beweiskräftig sind, kann dem Redner und damit auch der Rhetorik als der Theorie und Kunst der guten Rede gleichgültig sein: Hauptsache, die Angelegenheit geht in der politischen Versammlung zu seinen Gunsten aus![9]

Platon hielt dagegen, dass die Beweiskraft von Argumenten und ganz allgemein die Wahrheit uns nicht gleichgültig sein dürfen. Erstens sollten wir nur das glauben, was gut begründet ist, und wir sollten es zweitens nur deswegen glauben, *weil* es gut begründet ist. Wenn Rhetoriker etwas anderes lehren, dann, so der Vorwurf, ist die Rhetorik ein unmoralisches Unterfangen.

Zunächst ist festzuhalten, dass dieser Vorwurf von vornherein nicht gegen den theoretischen und wissenschaftlichen Zweig der Rhetorik gerichtet ist. Er widmet sich der Analyse der menschlichen Rede, will aber nicht zu einer bestimmten Art von Handeln anleiten. (Auch Platon befasst sich ja theoretisch mit der menschlichen Rede, indem er ein bestimmtes Rhetorikverständnis kritisiert.)

Doch auch den praktischen Zweig der Rhetorik kann man gegen Kritik in Schutz nehmen. Zwar können rhetorische Mittel zweifellos missbraucht werden, ebenso gut kann man sie aber auch zur Förderung einer gerechten Sache einsetzen. Schon bei Platon findet sich daher neben der Kritik an der Rhetorik die Feststellung, dass die Redekunst wie jedes Werkzeug sowohl zu guten wie auch zu schlechten Zwecken eingesetzt werden kann. Gut oder böse ist, kurz gesagt, nicht die Rhetorik, sondern der Redner bzw. sein Lehrer, der sie für gute und für schlechte Zwecke einsetzt. Wenn der Zweck gut ist, kann man sogar noch einen Schritt weitergehen und den Einsatz rhetorischer Fähigkeiten nicht nur zulässig finden, sondern ihn sogar einfordern: Wenn seine Mandantin unschuldig ist, dann *sollte* ihr Anwalt alles daran setzen, das Plädoyer so zu gestalten, dass die Richterin überzeugt wird.

Rhetorik als Werkzeug

Nicht nur die Ziele, auch die Werkzeuge der Rhetorik können mehr oder weniger wertvoll sein. Im Deutschen unterscheiden wir zwischen Überreden und Überzeugen.[10] Beides, das Überre-

---

9 Das Programm dieser Rhetorik wird z.B. im platonischen Dialog *Gorgias* deutlich. Platon setzt sich hier kritisch mit einem der Hauptvertreter der sophistischen Rhetorik auseinander. Im *Phaidros* versucht er hingegen die Grundzüge einer philosophisch akzeptablen Rhetorik herauszuarbeiten.

10 Walter Mesch weist darauf hin, dass der hier beschriebene Unterschied zwischen Überredung und Überzeugung sich erst spät und besonders deutlich in der deutschen Sprache herausgebildet hat, während in der Antike beides noch unter einen Begriff gefasst wurde; vgl. Mesch (2009), Sp. 858-870.

den und das Überzeugen (jeweils als Tätigkeit verstanden) mündet beim Adressaten in eine Überzeugung (als kognitive Einstellung verstanden). Wenn jemand uns überredet, lässt er in der Regel Gesichtspunkte oder Sachverhalte, die wir vernünftigerweise berücksichtigen sollten, außen vor oder er versucht sie herunterzuspielen. Wenn er uns überzeugen will, legt er hingegen alle Gründe und Gegengründe auf den Tisch und wendet sich an die Vernunft des Gesprächspartners. Überredung ist irrational, Überzeugung rational.

Wir haben hier einen ersten Ansatzpunkt, um das Verhältnis zwischen Überzeugungskraft und Beweiskraft genauer zu bestimmen. Überzeugungen im Sinne von kognitiven Einstellungen (dem „Glauben, dass etwas wahr ist"), so die vorläufige Antwort, können durch alle möglichen Beiträge bewirkt werden. Doch von Überzeugungen im engeren Sinn, von *rationalen* Überzeugungen, sprechen wir, wenn diese Beiträge sich an die Vernunft der Zuhörer wenden. Gegen die Mittel der Überredung kann man als Philosoph moralische Vorbehalte haben, gegen die der Überzeugung hingegen nicht.[11] Wir werden unten noch auf diesen Punkt zurückkommen.

Überzeugen versus Überreden (margin)

Rationalität von Überzeugungen (margin)

2.3 Ist das Rhetorische bloße Oberfläche?

Das Rhetorische an einem Text, so der zweite, auch von manchen Studenten geäußerte Einwand, ist bloßes Beiwerk zur Sache, das mit der eigentlichen Aussage nichts zu tun hat oder gar davon ablenken kann. (Wenn Studenten auf darstellerische Mängel in Texten hingewiesen werden, entgegnen sie manchmal etwas wie: „Das ist ja nur das Sprachliche, aber was sagen Sie denn zum Inhalt?")

Demgegenüber möchten wir auf zweierlei hinweisen: Erstens gehört zur Textrhetorik der komplette Aufbau und Stil des Textes. Jeder Text ist, bildlich gesprochen, von Rhetorik durchwirkt. Ein rhetorisch gelungener Text bietet eine Abfolge, in der dem Leser die Form der Argumentation vor Augen geführt wird und ist im

Textrhetorik (margin)

---

11 Vgl. Lumer (2007), S. 25: „In gewisser Weise gibt der Argumentierende dem Adressaten nur einen sehr genauen Tipp, wie er die Akzeptabilität der These überprüfen kann." Der ‚genaue Tipp', von dem Lumer spricht, ist in einem philosophischen Text die gesamte Argumentation.

Stil klar und deutlich. Wer das Rhetorische eines philosophischen Textes für Beiwerk hält, behauptet also, sein kompletter Aufbau und Stil seien Beiwerk. Das würde darauf hinauslaufen, den Text insgesamt als Beiwerk der darin dargestellten Sache anzusehen. Zweitens gibt es zwar rhetorische Figuren, die nichts zur Überzeugungskraft eines philosophischen Textes beitragen (z.B. Alliterationen und andere Klangfiguren) und die vielleicht sogar irritieren, doch gibt es auch solche, die eine philosophisch tragende Rolle spielen. Hierzu zählen an prominenter Stelle Neologismen (Wortschöpfungen), Metaphern (Sprachbilder) oder Beispiele. Innerhalb der Philosophie wird zwar intensiv diskutiert, welche Rolle diese sprachlichen Mittel jeweils für die philosophische Welterschließung spielen, aber man kann zumindest feststellen, dass die Philosophiegeschichte viele Texte kennt, in denen sie an prominenter Stelle vorkommen. Philosophen haben von jeher Neologismen geprägt, um bestimmte Sachverhalte zu bezeichnen, für die es in der natürlichen Sprache bislang keinen Terminus gibt; sie verwenden Metaphern, um einen Zusammenhang oder eine Theorie zu veranschaulichen; und sie geben Beispiele, um Begriffe zu erläutern und Theorien zu plausibilisieren (und ggf. auch zu widerlegen).

Rhetorische Figuren

2.4 Wie einschlägig ist die Rhetorik für die Philosophie?

Es bleibt noch ein letzter Einwand, genauer gesagt eine letzte Gruppe von Einwänden, die auf die Mittel abzielen, die gemäß der klassischen Rhetorik nötig sind, um einen Zuhörer oder Leser zu überzeugen. Diese Mittel heißen (mit den griechischen Ausdrücken) „Ethos", „Pathos" und „Logos".

Zunächst zum „Ethos": Darunter versteht man die persönliche Gesinnung oder etwas moderner ausgedrückt, die Persönlichkeit des Redners. Man hat früh erkannt, dass eine Rede nicht überzeugt, wenn sie von einem Redner vorgebracht wird, den das Publikum für unglaubwürdig hält – ganz gleich, wie beweiskräftig die Argumente sind. Wie jeder weiß, kommt es insbesondere bei Vorträgen nicht nur darauf an, *was* gesagt wird, sondern auch, *wer* es sagt und *wie* die Person sich im Vortrag präsentiert. In der Philosophie und allgemein in der Wissenschaft, so der Einwand, sollten die Person und ihr Auftreten jedoch keine Rolle spielen; wir haben als Leser nur die sachliche und logische Richtigkeit zu beurteilen.

Ethos

Pathos

Ähnliches gilt für das „Pathos", d.h. die Emotionen der Leser oder Zuhörer, die durch die Rede geweckt werden. Während in der Politik außer Zweifel steht, dass man den Zuhörer zu bestimmten Entscheidungen geneigt macht, indem man an die passenden Emotionen appelliert, sollen Gefühle, so der Einwand, in der Wissenschaft und insbesondere auch der Philosophie keine Rolle spielen.

Logos

Bleibt der „Logos", der eigentliche Beweisgang der Rede oder die Sache, um die es geht. Dieser Beweisgang ist entscheidend für die Philosophie. Aber, so der Einwand, für den Beweisgang sind Sachkenntnisse plus Logik und Argumentationstheorie ausreichend.

Um der letzten Gruppe von Einwänden zu begegnen, wollen wir nun das Ethos philosophischer Autoren, die Rolle des Pathos und das, was für den Logos eines philosophischen Textes wichtig ist, genauer in Augenschein nehmen. Indem wir dies tun, geben wir zugleich eine Vorschau auf die folgenden Kapitel dieses Ratgebers.

2.5 Das Ethos der Philosophen

Normalerweise kennen die Leser philosophischer Texte die Autoren nicht näher, und auch Dozenten haben in der Regel keine tiefen Einblicke in die Persönlichkeit ihrer Studenten gewonnen, bevor sie deren Seminararbeiten lesen. Auch das Auftreten in Körpersprache oder Intonation spielt bei Texten keine Rolle. Zunächst scheint es daher abwegig, dass das Ethos beim Schreiben einer Seminararbeit eine Rolle spielen soll. Doch kommt es hier nicht auf die Persönlichkeit in all ihren Facetten und Tiefen an, sondern auf Einstellungen und Eigenschaften, die eine Philosophin ausmachen. Ein überzeugender philosophischer Text bringt zum Ausdruck, dass seine Autorin sich dieses Ethos zu eigen gemacht hat.

Zwecke des Philosophierens

Das Ethos eines Menschen hängt mit den Zwecken zusammen, die er aus freien Stücken und gern verfolgt. (Wer z.B. die Gesellschaft anderer Menschen sucht, ist ein geselliger Mensch.) Von einer philosophischen Persönlichkeit erwarten wir, dass sie genuin *philosophische* Zwecke gern und freiwillig verfolgt. Der *eine* Zweck, den wir beim Philosophieren verfolgen, ist das Gewinnen philosophischer Erkenntnisse. Wenn Philosophen einen fachlichen Austausch pflegen, dann deswegen, weil sie diese (aus philosophischer Sicht) wertvollen und wichtigen Erkenntnisse nicht für sich behalten, sondern sie mit anderen teilen wollen. Von einer philosophischen Autorin erwarten wir also, dass sie darauf aus ist, uns eine philosophische Einsicht zu vermitteln.

Dies erwarten Ihre Dozenten auch schon von Ihnen als studentischem Autor. Wem es um die Vermittlung philosophischer Erkenntnisse geht, der wird, so die Erwartung, in seiner Seminararbeit nicht nur „irgendetwas zusammenschreiben". Er nimmt sich ein philosophisches Problem vor, das ihn interessiert, und versucht, eine Lösung zu finden, von der er selbst überzeugt ist. Das muss keine originale Lösung sein, aber eine, die gemessen an seinem vorigen Stand einen Erkenntnisfortschritt beinhaltet (zur Seminararbeit als Forschungsprojekt vgl. Kap. 3; zum Finden geeigneter Problemstellungen für eine Seminararbeit vgl. Kap. 4.1). | Erwartungen an Seminararbeiten

Das Gewinnen von philosophischen Erkenntnissen und deren Vermittlung ist nicht der einzige Zweck, den Philosophen verfolgen. Ein weiterer (und vielleicht noch wichtigerer) Zweck ist das Philosophieren selbst. Die Tätigkeit der philosophischen Reflexion wird von Philosophen auch unabhängig von ihrem Ergebnis wertgeschätzt. Sie gilt vielen Philosophen seit der Antike als eine besonders wertvolle menschliche Tätigkeit. Der eine Zweck hängt natürlich mit dem anderen zusammen: Wenn wir philosophisch reflektieren, denken wir über philosophische Probleme nach; wenn wir sie lösen, haben wir eine philosophische Erkenntnis gewonnen. In der Kommunikation mit dem Leser soll daher nicht nur eine Lösung präsentiert werden, sondern gewissermaßen das Philosophieren selbst dargestellt und dadurch beim Leser angeleitet werden.[12]

Auch dies prägt die Erwartungen von Dozenten. Das Verhältnis, das studentische Autoren zur philosophischen Tätigkeit als solcher haben, zeigt sich vielleicht am deutlichsten im Umgang mit Einwänden und Gegenargumenten: Manchmal überlegen Studenten nicht genau genug, ob auch etwas *gegen* ihre These sprechen könnte und wie sich die Einwände ggf. entkräften lassen. Gelegentlich lassen sie Einwände oder Gegenargumen-

---

12 Traditionell werden drei Wirkabsichten der Rede unterschieden: Diese sind das Belehren (docere), das Unterhalten und Erbauen (delectare) und die Motivation zu Handlungen (movere). Der Philosophie und der Wissenschaft überhaupt wird vorrangig die Wirkabsicht des Belehrens zugeordnet. Wenn wir das Philosophieren selbst als eine Handlung auffassen, gehört zur Wirkabsicht philosophischer Texte aber auch das „movere".

te, die ihnen bekannt sind oder die auf der Hand liegen, sogar unter den Tisch fallen, bloß weil sie unbequem sind oder sie darauf nichts zu erwidern wissen. Dahinter steht vielleicht die Annahme, dass Überlegungen, die die These der Seminararbeit zu untergraben geeignet sind, darin nichts zu suchen haben, ja, dass es geradezu dumm wäre, dem Leser Einwände auf dem Silbertablett zu servieren. Diese Einschätzung ist verfehlt, weil zum philosophischen Ethos eine Wertschätzung der philosophischen Reflexion als solcher gehört. Daher wird auch ein Dozent Ihre Seminararbeit nicht daraufhin bewerten, ob Sie als Autorin dieselbe Position wie er vertreten, sondern daraufhin, ob und wie gut Sie diese Position begründen.

Wenn Ihre Seminararbeit den Eindruck erweckt, dass Sie nicht ernstlich an der Lösung eines philosophischen Problems interessiert sind oder dass Sie kein Interesse daran haben, genau und sorgfältig nachzudenken, dann schließt der Leser daraus, dass Ihnen die Ziele des Philosophierens entweder noch nicht klar sind, oder dass Sie sie einfach nicht teilen. Dass ein Text, der gar nicht auf philosophische Überzeugung abzielt, auch nicht philosophisch überzeugen kann, versteht sich von selbst.

2.6 Der Logos der Seminararbeit

Philosophen, so sagten wir oben, wollen rationale Überzeugungen vermitteln. Was genau uns berechtigt, eine Überzeugung für rational zu halten, ist eine philosophisch umstrittene Frage. Können auch Bilder, Metaphern oder Erzählungen zu rationalen Überzeugungen führen? Oder leisten dies nur beweiskräftige Argumente? Die Antwort hängt davon ab, welchen Begriff von Rationalität man zugrunde legt. Der Philosophiegeschichte werden *auch* Texte zugerechnet, in denen wenige oder keine gültigen Argumente im Sinne der Logik präsentiert werden. Es ist aber unstrittig, dass *auch* beweiskräftige Argumente zu rationalen Überzeugungen führen, und dass ungültige oder sachlich fehlerhafte Argumente jedenfalls *nicht* zu rationalen Überzeugungen führen können.[13] Für sehr viele philosophische Richtun-

Verschiedene Begriffe von Rationalität

---

13   Auch wer meint, dass Bilder oder Erzählungen rationale Überzeugungsmittel sein können, sollte deswegen nicht auch ungültige oder auf falschen Prämissen basierende Argumente zulassen.

gen – von Platon über die frühe Neuzeit und die Aufklärung bis hin zur modernen analytischen Philosophie – sind *beweiskräftige Argumente* das Mittel schlechthin für rationale Überzeugungen. Die Beweiskraft der Argumente stellt daher auch aus Sicht der philosophischen Rhetorik das mit Abstand wichtigste Überzeugungsmittel dar: Ohne Sachkenntnisse und logisches Wissen kann man keine beweiskräftige philosophische Argumentation auf die Beine stellen, und ohne sie ist eine rationale Überzeugung unmöglich.

Allerdings macht die Beweiskraft allein nicht den Logos eines Textes aus. Und bloße Kenntnisse liefern noch keinen überzeugungskräftigen Text. Es klingt trivial, ist aber alles andere als unwesentlich: Zunächst einmal brauchen Sie ein Thema, und nicht jedes Thema ist für eine philosophische Seminararbeit gleichermaßen geeignet. Wir hatten bereits darauf hingewiesen, dass man jemanden überzeugt, wenn man ihn dazu bringt, etwas für wahr zu halten, wozu er zuvor noch keine oder eine andere Meinung hatte. Damit wird die Themenstellung Ihrer Arbeit bereits stark eingegrenzt. Wenn Sie Selbstverständliches oder angelesene Kenntnisse, die allgemein geteilt werden, ausbreiten, können Sie Ihren Leser nicht überzeugen: Er ist es ja schon. Sie müssen etwas als Thema wählen, dessen Behandlung geeignet ist, bei Ihrem Leser eine (neue) Überzeugung zu wecken. Dies gilt auch, wenn Sie „nur" einen Text interpretieren und eine vorgefundene Argumentation analysieren wollen. Solche Themen sind philosophische Probleme oder philosophische Thesen. (Beides hängt eng miteinander zusammen; vgl. Kap. 4.1 und FAQ 5.3.). Philosophische Probleme sind Schwierigkeiten *für Philosophen*, strittig ist eine philosophische These *unter Philosophen*. Schon die Problemstellung bzw. die These eines Textes, und damit die Grundlage des Logos, muss also im Blick auf den Adressaten gewählt werden.

Wenn Sie Ihre These bzw. Ihre Lösung eines Problems begründen wollen, so müssen Sie entscheiden, von welchen Voraussetzungen Sie ausgehen, welche Begriffe Sie erläutern und welche Einwände Sie aufgreifen wollen. Es liegt auf der Hand, dass Sie nicht jeden Begriff genau explizieren, jede Voraussetzung ihrerseits begründen und jeden denkbaren Einwand behandeln können. Ob dies prinzipiell möglich ist, können wir offenlassen. Praktisch ist es jedenfalls unmöglich, und rhetorisch ist es unsinnig. In einem vom Umfang her begrenzten Text kann der Beweis nie im absoluten Sinn vollständig erbracht werden, dazu müssten die Voraussetzungen aller Voraussetzungen eben-

Philosophische Probleme und strittige Thesen als Thema

**Auswahl der
Prämissen**

falls bewiesen werden. Aber aus rhetorischer Sicht *sollten* wir auch gar nicht alles explizieren, begründen und jeden denkbaren Einwand ausräumen. Natürlich kann man in einem Buch tiefer schürfen als in einem Aufsatz, aber in beiden Fällen muss man als Autorin entscheiden, bei welchen Prämissen man keine Begründung mehr geben oder welche Einwände man nicht berücksichtigen muss.[14] Auch diese Entscheidung müssen Sie *mit Blick auf Ihre Adressaten* treffen. Je nachdem, für wen Sie schreiben, müssen Sie Voraussetzungen oder Ihr Vorgehen genau erläutern, oder Sie können bestimmte Tatsachen oder Strategien als bekannt voraussetzen. Im Blick auf diese Auswahl müssen philosophische Anfänger viel lernen: Einerseits gehen sie in ihren Überlegungen nicht selten von philosophisch gewichtigen und hochproblematischen Voraussetzungen aus, die sie aber für selbstverständlich halten, weil sie in bestimmten Gesellschaften oder Gruppen anerkannt sind. Andererseits beruft sich auch die Philosophie gern auf Intuitionen, auf tiefverwurzelte Meinungen und ähnliches, ohne dass die philosophische Gemeinschaft daran etwas auszusetzen hätte. Solche Ansichten sollten nicht weiter begründet werden. Die Entscheidung darüber, was erklärt und was einfach vorausgesetzt werden kann, ist für Studenten zusätzlich erschwert, weil sie sowohl für ihre Dozenten als auch als fiktive Mitglieder einer Diskursgemeinschaft schreiben sollen – und damit für unterschiedliche Adressaten (vgl. Kap. 3 und FAQ 5.9).

Nicht nur eine argumentativ ausschweifende oder lückenhafte Argumentation ist für den Logos einer Seminararbeit schädlich, sondern auch Überlegungen, die nichts zur Sache beitragen. Solche Überlegungen mindern die Stringenz eines Textes. Mangelnde Stringenz schadet nicht der Beweiskraft einer Argumentation, aber sie lenkt die Leser ab und verwirrt sie. Für die Überzeugungskraft eines Textes bringt es daher nicht nur gar nichts, sondern es ist sogar von Nachteil, wenn er auch Antworten auf Fragen gibt, die mit dem eigentlichen Thema nichts zu tun haben (vgl. Kap. 4.2).

---

14 Die für das Auffinden von geeigneten Argumenten zuständige Disziplin heißt Topik. Aristoteles hat sie gewissermaßen entdeckt und die verschiedenen „Orte", an denen man Prämissen auffinden kann, systematisiert.

2.7 Pathos: Die Rolle der Emotionen

Der Appell an die richtigen, d.h. die erwünschten Emotionen kann viel zur Überzeugungskraft eines Vortrags oder Textes beitragen. Emotionen sind jeweils eng mit bestimmten, meist wertenden Überzeugungen verbunden. Nur ein Beispiel: Wenn ein Politiker uns dazu bringen will, seinen Gegner nicht zu wählen, sondern lieber ihn, dann wird er versuchen, den Gegner als gefährlich darzustellen und dadurch Furcht zu wecken. Philosophische Texte hingegen, so sagten wir oben, sollen die Leser rational überzeugen. Das liest sich so, als würde es in der philosophischen Rhetorik nicht auf Emotionen ankommen.

Der Eindruck täuscht: Das Verhältnis zwischen Pathos und Rationalität philosophischer Texte ist komplizierter. Zum einen sind Emotionen oft der Aufhänger für die Einführung eines philosophischen Problems. Wir sind besorgt über bestimmte politische Entwicklungen, empört über einen moralischen Missstand, oder finden bestimmte abergläubische Vorstellungen lächerlich.[15] Es ist nicht unüblich, dass Philosophen an solche Emotionen appellieren, um für ihr Thema zu interessieren und dessen Relevanz zu verdeutlichen. (Wir werden dafür noch Beispiele vorführen.) Aber der Zweck von philosophischen Texten ist es nicht, starke Affekte wie Wut oder Furcht und Leidenschaften wie Patriotismus oder Liebe zu unterhalten oder gar zu steigern. Aus dem oben Gesagten wird verständlich, dass dies ihrem eigentlichen Anliegen zuwiderläuft. Affekte, Begierden und Leidenschaften sind, wie jeder weiß, dem rationalen Abwägen von Gründen nicht gerade förderlich. So wie der politische Redner versuchen muss, beim Zuhörer bestimmte Affekte gegenüber den behandelten Themen oder dem politischen Gegner zu wecken, so muss die philosophische Autorin daher ganz im Gegenteil durch ihren Stil versuchen, solche thematischen und personenbezogenen Affekte gerade *nicht* zu erregen, sondern sie ggf. sogar zu dämpfen. Sie setzt also unter Umständen bei solchen Emotionen an, um die Relevanz eines Problems zu verdeutlichen, zieht dann aber gewissermaßen ein neues Register und argumentiert betont nüchtern.

Nüchternheit beim Argumentieren

Das Dämpfen von Affekten und Leidenschaften will ebenso gelernt sein wie deren Erregung. Wer sich und das Publikum

---

15   Vgl. Tetens (2004), S. 64.

in Rage schreibt, hat das Gebiet der philosophischen Erörterung verlassen; wer bei seinem Thema immer „rot sieht", der schließt sich selbst von der philosophischen Bearbeitung aus. Dies zu akzeptieren, ist für philosophische Anfänger manchmal schwierig. Auch wenn Sie aus persönlicher Betroffenheit heraus schreiben, kommt es letztlich auf die inhaltliche und logische Überprüfung Ihrer Behauptungen an. Dementsprechend müssen Sie auch fremden Thesen, deren Konsequenzen Sie vielleicht spontan verabscheuen, mit der Bereitschaft begegnen, sie rational zu prüfen. Der Appell an die Emotionen hat für Philosophen keine hinreichende Überzeugungskraft.

Um Missverständnisse zu vermeiden, möchten wir darauf hinweisen, dass die in Emotionen enthaltenen Werturteile zutreffend sein können. (Wer Tierversuche verabscheut, ist möglicherweise im Recht.) Es kann daher wichtig sein, Emotionen, die man den Lesern in Bezug auf eine bestimmte Frage unterstellt und die man selbst vielleicht auch teilt, in einem Text explizit zu benennen und ihre Bedeutung für die Beurteilung der Sache herauszuarbeiten. Dies ist aber etwas anderes als der Versuch, im Leser Emotionen zu wecken oder wachzuhalten und ihn dadurch zu einer bestimmten Überzeugung zu bringen.

2.8 On top: Die Ästhetik philosophischer Texte

Neben den Affekten, die direkt mit den von Philosophen behandelten *Themen* verknüpft sind, gibt es noch eine andere Gruppe von Emotionen, die sich auf *deren Darstellung* richten. Wie jeder weiß, kann ein Text langweilig, beschwerlich, ermüdend oder anstrengend wirken, aber auch anregend, kurzweilig, unterhaltsam, einnehmend. Man kann den Gegenstand eines Textes relativ langweilig finden und sich dennoch von der Art der Darstellung angeregt fühlen; umgekehrt kann man sich brennend für das Thema interessieren und sich über die unzugängliche Darstellung ärgern. Die entsprechenden Zustände werden also, zugespitzt gesagt, nicht durch die Meinung erregt, die der Philosoph vertritt, sondern durch die Art und Weise, *wie* er sie vertritt.

Dass ein Text unterhaltsam oder langweilig ist, gilt traditionell als ästhetische Eigenschaft. Eine ästhetisch gelungene Darstellung kann uns ein Thema schmackhaft machen, das uns vorher kalt ließ; eine rhetorisch gelungene Darstellung trägt dazu bei, uns von einer These zu überzeugen, die wir zuvor noch abgelehnt haben. Die Grenzen zwischen der rhetorischen und der ästhetischen Dimension lassen sich aber nicht immer klar ziehen: Wenn ein Text verworren oder redundant ist, wird seine Lektüre uns langweilen; und wenn er anregend sein soll, müssen die Formulierungen „sitzen" und die Thesen sollten zumindest eine gewisse Anfangsplausibilität haben. Auch die ästhetischen Eigenschaften von Texten tragen also ein Stück weit zu ihrer Überzeugungskraft bei. Wie die im engeren Sinne rhetorischen, so sind auch die auf die ästhetischen Gefühle bezogenen Eigenschaften eines Textes leserrelativ, und zum Teil hängt die Zuschreibung von individuellen oder situativen Faktoren ab: Ein ungeübter Leser oder Anfänger muss sich vielleicht sehr abmühen, um einen sprachlich komplexen Text zu erschließen, während eine geübte Leserin ihn anregend geschrieben findet.

Wissenschaftliche Texte, so sagten wir oben, müssen in einem gewissen Sinne mit „kaltem Blut" geschrieben werden. Es ist aber ein Vorurteil, dass sie immer langweilig sind. Es gibt philosophische Texte (und allgemeiner: wissenschaftliche Texte), die sehr unterhaltsam und von hohem ästhetischen Reiz sind, doch es gibt zugegebenermaßen auch sehr „dröge" Texte. Wir verfolgen in diesem Band nur ganz am Rande den Anspruch, Ihnen zu vermitteln, wie man ästhetisch ansprechende philosophische Texte verfasst. Anfänger haben zunächst genug damit zu tun, Texte hinzubekommen, die problemorientiert, gut gegliedert und klar formuliert sind, und genau hierauf zielt unser Band.

2.9 Verständlichkeit als Ziel philosophischer Texte

Damit uns ein Text eine Überzeugung vermitteln kann, ist es wesentlich, dass wir ihn verstehen. Das Thema des Text- oder allgemeiner: des Sprachverstehens wird traditionell nicht in der Rhetorik, sondern in der Hermeneutik, einer anderen philosophischen Disziplin, behandelt. Ob ein Text verständlich für eine Leserin ist, hängt von ihren Sprachkenntnissen, ihren inhaltlichen Vorkenntnissen, ihrer Mediensozialisation, ihrer Erfahrung und Auffassungsgabe, ihrer Einstellung zum Thema, ihrem kulturellen Hintergrund oder auch ihrer situationsspezifischen Verfassung beim Lesen ab.

Es gibt allerdings verständnishemmende und verständnisfördernde Qualitäten von Texten, die für nahezu alle erwachsenen Leser, die Mitglieder einer sprachlichen Gemeinschaft sind, die

Sprachliche
Richtigkeit und
Klarheit

gleichen sind, und mit diesen befasst sich die Rhetorik. Dass ein Text zum Beispiel grammatikalisch korrekt und dass seine Aussagen klar und eindeutig sind, wird von professionellen Lesern wie auch von Anfängern ähnlich verständnisfördernd wahrgenommen. Nicht selten verfehlen studentische Autoren das Ziel, eine philosophische Überzeugung zu vermitteln, schon weil sie sprachlich falsch und unklar schreiben (vgl. Kap. 4.5).

Klarheit im
Aufbau

Verständnishemmend oder -fördernd kann auch der Aufbau eines Textes sein. Es ist alles andere als unerheblich, wie die Teile angeordnet werden; wenn der Leser sich im Text verliert, kann er nicht überzeugt werden, z.B. weil er gar nicht weiß, was eigentlich die Prämisse und was die zu beweisende These sein soll. Neben dem nachvollziehbaren Aufbau (vgl. Kap. 4.2), hilft es Lesern, wenn sie „geführt" werden (vgl. Kap. 4.3) und wenn man ihnen mitteilt, worauf man hinauswill (vgl. FAQ 5.11). Misslingt die rhetorische Anpassung an die Leser, dann nehmen sie den Text als verworren, dunkel, vage und mehrdeutig wahr. Natürlich können sie sich trotzdem um ein Verständnis bemühen. Aber ein Text muss außerordentlich tief und gut sein, damit diese Mühe sich lohnt. Uns ist natürlich klar, dass nicht wenige philosophische Klassiker dem Anspruch an Verständlichkeit nicht genügen. Aber aus der Dunkelheit mancher philosophischer Texte folgt nicht, dass Sie selbst ebenfalls dunkel schreiben sollten. Dunkelheit ist für sich genommen kein hinreichender Anhaltspunkt dafür, dass der Text tief gedacht ist.

2.10 Fazit

Kommen wir abschließend noch einmal kurz auf das Verhältnis von Beweiskraft und Überzeugungskraft zurück, das der Ausgangspunkt dieses Kapitels war. Wir haben festgestellt, dass der Begriff der Argumentation in der Rhetorik ebenso heimisch ist wie in der Logik und Argumentationstheorie; keine der Disziplinen hat ein Verwendungsmonopol. Dass ein Argument sowohl als Komplex aus Prämissen und Schlussfolgerung wie auch als Überzeugungsmittel betrachtet werden kann, schließt sich nicht aus. Philosophen geht es um beides: Sie wollen beweiskräftige Argumente finden, aber auch andere überzeugen. Letzteres gelingt nur, wenn Sie das Argument in rhetorisch angemessener Weise darstellen:

Mache Dir klar, was Deine Leser erwarten!
Überzeuge sie durch Problemorientierung und Ernsthaftigkeit!
Berücksichtige relevante Einwände!
Überprüfe Deine Argumente auf ihre Beweiskraft!
Schreibe klar und präzise!
Bleibe sachlich!

Diese Anweisungen sind wichtige Stützpfeiler einer praktischen
Rhetorik philosophischer Texte.[16]

---

16 Es gibt Autoren, die auch diese Anweisungen noch in Frage gestellt haben;
    Nietzsche etwa ist ein Philosoph, der das Ende der Philosophie im hier dar-
    gestellten Sinn verkündet. Auf ihn folgten aber etliche, die das Ideal einer
    durch beweiskräftige Argumente herbeizuführenden rationalen Überzeu-
    gung hochhielten.

3. Über die Herausforderung, eine philosophische Seminararbeit zu schreiben

Philosophischer Austausch ist natürlich nicht nur schriftlich möglich: Philosophen führen auch Gespräche oder halten Vorträge. Man kann darüber streiten, ob das Gespräch dem, was das Philosophieren ausmacht, näherkommt als der schriftliche Austausch. Das Gespräch bietet u.a. den unschätzbaren Vorteil, dass die Partner sich stets vergewissern können, dass sie das gleiche Verständnis vom Gesagten aufgebaut haben. Im Gespräch können wir überdies unsere Ansichten beständig überprüfen, sie verwerfen oder korrigieren. Nichts ist fixiert. Die Schrift als Medium des Philosophierens wurde deswegen in der Philosophiegeschichte durchaus kritisiert.

Mündliche Kommunikation in der Philosophie

Wir wollen die Frage danach, welcher Form des Austauschs der Vorrang gebührt, in diesem Ratgeber offenlassen, und belassen es bei der Feststellung, dass das Schreiben von Texten zu den genuin philosophischen Tätigkeiten gehört. In diesem Kapitel möchten wir Ihnen verdeutlichen, was Sie tun und tun müssen, wenn Sie eine Seminararbeit schreiben. Damit wollen wir nicht nur aufzeigen, welchen Anforderungen Sie beim Schreiben einer Seminararbeit gerecht werden müssen, sondern auch dafür werben, Seminararbeiten als Chance zum selbstbestimmten Studium zu begreifen.

3.1 Wozu Philosophen schreiben

Betrachten wir die Schreibpraxis vieler arrivierter Philosophen, so lassen sich zwei Zwecke ausmachen, die mit denen der Philosophie in gewisser Weise korrespondieren: Man schreibt, um die eigenen Gedanken zu klären, zu konservieren, zu prüfen; und man schreibt zum philosophischen Austausch.

Der erste Zweck – die Klärung, Prüfung und Konservierung – steht im Vordergrund philosophischer Schreibarbeiten, die meist die Gestalt von Notizen, Exzerpten oder Skizzen annehmen und selten den privaten Schreibtisch verlassen. Ab einem bestimmten

Klärung und Konservierung der eigenen Gedanken

Komplexitätsgrad ist die Verschriftlichung der eigenen Überlegungen das geeignetste Verfahren, um sich über ein philosophisches Problem Klarheit zu verschaffen. Dasselbe gilt für die Texterschließung und Auseinandersetzung mit fremden Gedanken. Schreibend halten Philosophen Ideen für ihre spätere Bearbeitung fest, schreibend erschließen sie sich fremde Texte, schreibend strukturieren sie ein Argument. Diese Art des Schreibens ist oft formlos; relevant ist nur, dass die Notizen, Kritzeleien oder Exzerpte für den Autor nützlich sind. Zwar gibt es diverse Techniken für dieses klärende Schreiben, oft aber entwickeln routinierte Philosophen auch ihre individuellen Strategien.

Formloses, regelfreies Schreiben

Dem zweiten Zweck – dem des fachlichen Austauschs und der Vermittlung von philosophischem Wissen – lässt sich das Schreiben von z.B. philosophischen Fachaufsätzen, Monographien, Dialogen, Traktaten, Lehrbüchern, also solcher Texte, die publiziert werden sollen, zuordnen. Diese Art des Schreibens richtet sich an fremde Leser, seien diese nun Fachkollegen oder Laien. Wenn man sich *an* Leser richtet, muss man sich auch *nach* ihnen richten: nach ihrem Vorverständnis, ihren Kenntnissen, und zum Teil auch nach ihren Erwartungen. Dies tun Autoren, indem sie z.B. eine etablierte Textsorte wählen, einen gängigen Zitierstil verwenden oder ihre Kritik in einer den philosophischen Konventionen entsprechenden Weise vorbringen. (Dass die Überzeugungskraft von Texten auch davon abhängt, dass sie auf die Leser abgestimmt sind, hatten wir schon in Kapitel 2 aufgezeigt).

Fachlicher Austausch und Belehrung

Adressatenorientiertes, normiertes Schreiben

Meist besteht ein enger Zusammenhang zwischen den beiden Arten von Schreibarbeiten: Fast immer gehen Schreibarbeiten der ersten Art (also das Niederlegen von Notizen, das Verfassen von Exzerpten usw.) dem Verfassen von publikationsreifen Texten voraus, und oft entstehen diese aus anwachsenden und überarbeiteten Notizen. Unter den Gesichtspunkten der akademischen Karriere und des philosophischen Austauschs ist das Schreiben, das nie zu einem publikationsreifen Text führt, witzlos. Und unter dem Gesichtspunkt des Studienerfolgs ist das Schreiben, das nie zu einer abgabereifen Seminararbeit führt, fruchtlos. Dennoch stehen die Texte, die zum Zwecke der Klärung geschrieben werden, der eigentlich philosophischen Tätigkeit sehr viel näher: Philosophische Notizen sind Niederschlag der Suche nach der treffenden Definition, dem passenden Begriff, der Struktur eines Arguments. Dieses schreibende Denken setzt uns – sofern es denn zu persönlicher Klärung und Erkenntnis führt – erst in den Stand, unsere Gedanken in Texten der zweiten Sorte mitzuteilen.

Informelles Schreiben als typische, philosophische Praxis

3.2 Schreiben im Philosophie-Studium

Studenten schreiben ebenfalls zur Klärung und zum Festhalten von Gedanken, z.B. wenn sie ein Referat vorbereiten oder sich Notizen während einer Vorlesung machen. Der Sinn solcher Schreibtätigkeiten im Studium leuchtet unmittelbar ein. Hingegen fragen sich Studenten häufiger, warum sie eigentlich Seminararbeiten schreiben müssen. Wir begegnen hier zwei unterschiedlichen, aber nachvollziehbaren Vorbehalten: Zum einen kann man fragen, warum man im Philosophiestudium nicht, wie es in anderen Fächern üblich ist, nur Klausuren oder mündliche Prüfungen absolviert. Vielen Studenten käme das entgegen. Zum anderen kann man fragen, warum man als Student auf eine bestimmte Form festgelegt wird. Etliche Studenten fühlen sich von der Form der Seminararbeit eingeengt und würden lieber freier schreiben.

Vorbehalte gegenüber Seminararbeiten

Um dem ersten Vorbehalt zu begegnen, ist ein historischer Rückblick hilfreich. Schauen wir uns an, wie Studenten zum Schreiben von Seminararbeiten kamen:

An Universitäten fand die Wissensvermittlung viele Jahrhunderte lang vorrangig in Vorlesungen statt. An der mittelalterlichen Universität las der Professor aus einem Buch vor, dessen Text die Studenten zugleich vor sich liegen hatten. Im zweiten Teil der Vorlesung erklärte er das Werk und setzte sich mit Einwänden auseinander. Diesen Teil der Vorlesung schrieben die Studenten mit. Im dritten Teil konnte eine Fragerunde folgen, die aber in stark besuchten Vorlesungen meist ausfiel. Dieses Unterrichtsformat hielt sich bis weit in die frühe Neuzeit hinein. Noch Kant hielt seine Vorlesungen auf der Basis von Lehrbüchern anderer Autoren. Das Mitschreiben von Vorlesungen stellte jahrhundertelang die wichtigste Schreibleistung dar, die Studenten an den Hochschulen zu erbringen hatten. Es diente zur Vorbereitung auf die Prüfungen, die ausschließlich mündlich abgelegt wurden.[1] In der Universität der frühen Neuzeit wäre niemand auf die Idee gekommen, von seinen Studenten das Verfassen einer Seminar- oder Abschlussarbeit zu verlangen.

Philosophiestudium früher

Dass Sie heute vor dieser Aufgabe stehen, ist einer Bildungsreform zu verdanken, die im ausgehenden 18. Jahrhundert von

Bildungsreformen des 18. und 19. Jahrhunderts

---

[1] An der mittelalterlichen Universität wurden gar keine Prüfungen im heute üblichen Sinne abgelegt; entscheidend war die Studiendauer. Erst im Absolutismus wurden Abschlussexamina eingeführt.

Deutschland aus ihren Siegeszug in vielen Ländern nicht nur des europäischen Kulturkreises antrat. Diese Reform hatte ihrerseits starke philosophische Wurzeln; fast alle Vertreter der deutschen Philosophie haben sich um 1800 der Frage nach der Zukunft der universitären Bildung gewidmet.[2] Eine der wichtigsten Ideen dieser Hochschulreform ist die Verbindung von Forschung und Lehre in einem Fach: Die Studenten sollten bereits im Rahmen ihrer Ausbildung mit den Formen des wissenschaftlichen Arbeitens vertraut gemacht werden und nicht mehr, wie zuvor über viele Jahrhunderte üblich, vornehmlich durch die Rezeption der Klassiker lernen. Das Forschen nach der Wahrheit wurde zum eigentlichen Lernziel erhoben. Wie Friedrich Schleiermacher, einer der Vordenker der Universitätsreformen schrieb, hat die Hochschule die Aufgabe:

Forschendes Lernen

> „die Idee der Wissenschaft in den edleren, mit Kenntnissen mancher Art schon ausgerüsteten Jünglingen zu erwecken, ihr zur Herrschaft über sie zu verhelfen auf demjenigen Gebiet der Erkenntnis, dem jeder sich besonders widmen will, so daß es ihnen zur Natur werde, alles aus dem Gesichtspunkt der Wissenschaft zu betrachten, [...] und eben dadurch das Vermögen selbst zu forschen zu erfinden und darzustellen, allmählich in sich herausarbeiten."[3]

Auch wenn die Universität die Idee der Wissenschaft in den Studenten wecken wollte, taten ihre Vertreter dies weiterhin in Vorlesungen, die von den Studenten mit- und nachgeschrieben wurden. Allerdings war es den Studenten nun weitgehend freigestellt, bei wem sie „hören" wollten, und die akademischen Lehrer präsentierten ihre eigenen Forschungsergebnisse, statt fremde Publikationen vorzutragen.

Parallel zu dieser Entwicklung wurden im ausgehenden 18. Jahrhundert sogenannte Seminare – zunächst im Sinne von Instituten – etabliert.[4] An den Seminaren, die zunächst nur wenigen ausgewählten und fortgeschrittenen Studenten offenstanden, wurden dann auch die gleichnamigen Veranstaltungen eingeführt, in denen Dozenten und Teilnehmer gemeinsam arbeiteten

Seminare und seminaristisches Schreiben

---

2   Texte zu diesem Thema haben etwa Fichte, Schelling, Schleiermacher und Humboldt verfasst.

3   Schleiermacher (1998), S. 34.

4   Ob die Einführung von Seminaren im Sinn der Bildungsreformer war, kann man diskutieren. Wir klammern diese Frage hier aus.

und forschten. Diese Seminare waren die Geburtsstätte des semi-
naristischen Schreibens, denn die Studenten mussten hier auch
eigene Forschungsarbeiten vortragen und zur Diskussion stellen.[5]
Es dauerte aber noch knapp hundert Jahre, bis Seminare flächen-
deckend in die Hochschullehre Einzug hielten. Erst zu Beginn des
20. Jahrhunderts tauchten Seminare als Veranstaltungsformen
vermehrt in den Vorlesungsverzeichnissen deutscher Universitäten auf, insbesondere in den Geisteswissenschaften. Sie richteten
sich nun nicht mehr nur an ausgewählte und fortgeschrittene Studenten, sondern auch an Anfänger und wurden ausdifferenziert
in Pro-, Haupt- und Oberseminare. Das Verfassen von eigenen
Texten über spezielle Fragestellungen im Rahmen von Lehrver-
anstaltungen, ursprünglich eine Randerscheinung der akademischen Lehre, rückte damit (zumindest in jenen Ländern, die sich
an die preußische Bildungstradition anschlossen) ins Zentrum
der geisteswissenschaftlichen Hochschulausbildung.[6]

Vor diesem geschichtlichen Hintergrund lassen sich Seminararbeiten als ein Medium verstehen, das eingeführt wurde, um
das selbstständige und eigenverantwortliche wissenschaftliche
Arbeiten einzuüben und zu dokumentieren. Während Philoso-
phiestudenten durch eine Klausur oder eine mündliche Prüfung
zeigen, dass sie den Stoff gelernt haben und ihn wiedergeben
können, weisen sie mit einer philosophischen Seminararbeit
nach, dass sie selbst philosophisch zu arbeiten verstehen.[7]

*Eigenverantwort-
liches wissen-
schaftliches
Arbeiten*

3.3 Seminararbeit und Fachaufsatz in der Philosophie

Außer einer Seitenvorgabe enthalten die meisten Prüfungsordnungen keine Angaben dazu, was unter der Textsorte *Seminararbeit* (oder oft auch: Hausarbeit) zu verstehen ist. Dennoch erwar-

Formvorgaben

---

5 Vgl. Pohl (2009).

6 Huber nennt einen weiteren wichtigen Aspekt der Einführung von schriftlichen Prüfungen: Als Universitäten vermehrt der Kontrolle des Staats unterstellt wurden, hatte dieser auch ein Interesse daran, dass die Ergebnisse der
Ausbildung nachprüfbar dokumentiert wurden. Dafür sind schriftliche Prüfungen besonders geeignet; vgl. Huber (2014).

7 Zum Schreiben von Seminararbeiten gehört auch das Lesen und Recherchieren sowie die Seminarvor- und -nachbereitung; dies sind alles Tätigkeiten des
eigenständigen wissenschaftlichen Arbeitens.

ten die Dozenten üblicherweise, dass die Seminararbeiten ihrer Studenten eine bestimmte Form wahren. Verlangt wird ein Text, der sich an der Form eines philosophischen Fachaufsatzes orientiert, also ein Prosatext im Umfang von etwa 10 bis 40 Seiten, in dem ein eingegrenztes, philosophisches Problem bearbeitet wird und in dem die Normen und Konventionen des wissenschaftlichen Austausches berücksichtigt werden. Studenten fragen sich manchmal – wir hatten es oben erwähnt –, warum sie diese Anforderungen erfüllen sollen und warum sie (in der Regel) nicht auch andere Textsorten, die die philosophische Tradition aufweist, als Prüfungsleistung schreiben können.

Textsortenvielfalt in der Philosophie Seit der Antike kennen wir eine Fülle von philosophischen Textsorten: neben Abhandlungen auch Dialoge, Briefe, Traktate, Diatriben und sogar Gedichte. Im Mittelalter kam die Quaestio als Textsorte hinzu, die in einer strengen Abfolge aus Fragen, Antworten, Einwänden und Gegeneinwänden besteht. Die frühe Neuzeit griff die antiken Formen auf, führte aber auch neue ein, etwa den Essay.[8] In der Gegenwartsphilosophie drücken sich Philosophen jedoch fast nur in der Form von Prosaabhandlungen aus – das gilt vor allem für jene Texte, die für den fachlichen Austausch geschrieben werden. Dieser findet vornehmlich über Fachaufsätze und Monografien statt. Nur in Ausnahmefällen vermitteln Philosophen der Gegenwart ihr Wissen auch in Textsorten wie dem Dialog oder dem Aphorismus.[9] Dafür gibt es praktische, arbeitsökonomische Gründe: Fachaufsätze gehen z.B. oft aus Vorträgen und Monographien manchmal aus Vorlesungen hervor.[10] Vermutlich haben die in anderen Geisteswissenschaften üblichen Formen der wissenschaftlichen Kommunikation auch die Philosophie beeinflusst.

Mit Blick auf den fachlichen Austausch gibt es aber auch einige gewichtige sachliche Gründe, die für die Prosaabhandlung sprechen: Gegenüber Dialogen hat die philosophische Prosa den Vorzug, dass ganz eindeutig ist, für welche Position sich die Autorin ausspricht. Beim Dialog muss der Leser dies durch eine

Marginalien links: Textsortenvielfalt in der Philosophie — Vorrang der Prosaabhandlungen in der Gegenwartsphilosophie — Vorzüge der philosophischen Prosa

---

8   Eine weitere Textsorte in der Philosophie ist die Rezension, die aber der Vorstellung und Beurteilung fremder Werke dient und nicht von Autoren genutzt wird, um philosophisches Wissen zu vermitteln.

9   Bis heute gibt es aber etablierte und arrivierte Philosophen, die sich nicht (nur) durch Fachaufsätze mitteilen.

10 Auf die Abhängigkeit der wissenschaftlichen Schreibformen von der Lehre weist z.B. Huber hin; vgl. Huber (2014).

Interpretation zunächst herausfinden. Anders als der Aphorismus erlaubt die Abhandlung die Entwicklung einer Argumentation. Anders als Briefe fasst sie den durchschnittlichen Leser ins Auge. Der heute weithin akzeptierte, eher nüchterne Prosastil, in dem Aufsätze und Monographien verfasst sind, das Streben nach einer einheitlichen Terminologie, der Verzicht auf den persönlichen Ausdruck und die Wahrung eines standardisierten Textaufbaus erlauben es darüber hinaus, die Texte verschiedener Autoren als Beiträge zu einem fortgesetzten, gemeinsamen Fachdiskurs zu lesen. Vielleicht gibt es überdies auch in der Person der Autoren liegende Gründe dafür, dass die meisten Philosophen sich nur in Prosaabhandlungen mitteilen: Für das Verfassen von Gedichten oder Aphorismen braucht man die entsprechenden literarischen Fähigkeiten, die nicht jeder hat.

Es spricht also einiges zugunsten der Prosa. Doch auch der Prosastil erlaubt freiere und weniger freie Formen. Die philosophische Prosaabhandlung ist heute in ihrer Form stark genormt. Dass Studenten diese Form einüben sollen, liegt zum einen in den Zielen des Studiums begründet, denn dieses soll einen befähigen, am fachlichen Austausch teilzunehmen. Dabei geht es nicht nur darum, sich in einer in Fachkreisen etablierten Weise mitzuteilen, sondern auch darum, fremde Fachtexte besser verstehen und analysieren zu können, weil man selbst schon einmal solche Texte geschrieben hat. Zum anderen sind die Normen und Vorgaben durch bestimmte sachliche Überlegungen begründet, also nicht beliebig festgelegt. Z.B. haben Fachtexte üblicherweise einen dreiteiligen Aufbau aus Einleitung, Hauptteil und Schluss, sie haben einen Titel und Kapitelüberschriften. Zitate werden in bestimmter Weise wiedergeben, und in einer formgerechten Einleitung muss die These vorgestellt und die Vorgehensweise erläutert werden. All diese Formvorgaben, an denen sich Studenten manchmal stoßen, sind nicht oberflächlich, sondern lenken den Denk- und Arbeitsprozess in einer in der Philosophie bewährten Weise und haben sich zur Vermittlung philosophischer Erkenntnisse bewährt. Eine Seminararbeit sollte etwa deswegen in einer bestimmten systematischen Weise gegliedert sein, weil dies den Nachvollzug von Argumenten erleichtert; man sollte in bestimmter Weise und an bestimmten Stellen zitieren (und an anderen nicht), weil Zitate dem Belegen der eigenen Behauptungen dienen; Kapitelüberschriften unterstützen den Leser beim Erfassen der zentralen Inhalte eines Abschnitts usw. Falls Sie also zu jenen Studenten gehören, die sich

Am fachlichen Austausch teilnehmen können

Die Form als Ausdruck einer bewährten Denk- und Vermittlungspraxis

durch die übliche Form der Seminararbeit eingeengt fühlen, mögen unsere Erläuterungen vielleicht dazu beitragen, dass Sie den Sinn der Übung erkennen.

Im Übrigen ist es nicht so, dass Textsorten wie der Dialog oder der (literarische) Essay (vgl. FAQ 5.13) einfacher zu schreiben wären, wie es manche Studenten vermuten. Auch diese Textsorten unterliegen Beschränkungen; auch hier müssen Lesererwartungen erfüllt und Vorkenntnisse berücksichtigt werden. Aus unserer Sicht wäre es durchaus zu begrüßen, wenn solche Textsorten im Studium häufiger erprobt werden dürften. Doch es ist hier zweifellos schwieriger, Kriterien für die Benotung zu finden. (Auch das mag einer der Gründe dafür sein, dass Studenten der Philosophie fast nur Prosaabhandlungen verfassen sollen.) Wenn Sie sich aber an einer anderen Textsorte ausprobieren wollen und gute Gründe dafür anführen können, fragen Sie Ihren Dozenten einfach, ob er eine andere Textsorte als Seminararbeit akzeptieren würde.

3.4 Seminararbeiten zwischen Forschungsprojekten und Prüfungstexten

Das Verfassen einer Seminararbeit ist, wie bereits deutlich wurde, ein Forschungsprojekt. Die Seminararbeit gibt Ihnen die Möglichkeit, im wahrsten Sinne des Wortes zu studieren (lat. „studere": sich wissenschaftlich betätigen, etwas eifrig betreiben). Damit Ihre Seminararbeit diesen Zweck erfüllt, sollten Sie zu Themen arbeiten, die Sie wirklich interessieren. Falls Sie Themenvorgaben erhalten, für die Sie sich nicht erwärmen können, suchen Sie das Gespräch mit der Dozentin und machen Sie andere Vorschläge.[11] Wer mit dem Schreiben nur das Ziel verfolgt, eine vorgegebene Zahl von Seiten zu einem Thema zu füllen, verpasst den eigenen Lernerfolg und vermutlich auch die Lernfreude.

Seminararbeiten als selbstbestimmtes und selbstständiges Studium

---

11 Wenn Dozenten ein Thema vorgeben, ist das meistens eine wohlgemeinte Hilfestellung. Wenn Sie aber nichts mit dem Thema anfangen können, werden die meisten Dozenten aufgeschlossen für Ihre Themenvorschläge sein.

Doch die Arbeit an Ihrem Text ist *nicht nur* ein Forschungsprojekt. Sie mündet auch in eine Prüfungsleistung. Am Ende
soll ein fertiger Text stehen, der eingereicht und benotet wird.
Diese Anforderung an Seminararbeiten steht in beträchtlicher
Spannung zur Idee des Forschungsprojekts. Obendrein werden
Ihnen Fristen gesetzt – mit ausgedehnten, vom eigenen For-
schungsinteresse getragenen Studien passt das nicht zusammen. Problematisch ist auch, dass im Arbeitsprozess zwar das
persönliche Lernen im Vordergrund stehen soll, all das, was
dieses Lernen ausmacht, wie subjektive Äußerungen, Unsicherheiten, offene Fragen, aber im Text selbst nicht ausgedrückt
werden soll. Der Student muss stattdessen so tun, als habe er
der Fachgemeinschaft Erkenntnisse mitzuteilen (obwohl er sich
vielleicht noch gar nicht im Stande dazu fühlt). Zusätzlich ver-
kompliziert wird die Lage dadurch, dass Dozenten unterschiedliche Anforderungen an die Texte stellen, während sich Studenten
bei einer Prüfungsleistung verständlicherweise einheitliche und
verbindliche Maßstäbe wünschen.

Seminararbei-
ten als hybride
Textsorte

3.5 Wozu Studenten im Philosophie-Studium schreiben (sollten)

Die Leistungsüberprüfung und -bewertung drängt sich Studenten durch die Gegebenheiten in ihrem Studium als Zweck ihres
Schreibens auf. Viele Studenten betreiben ihr Schreiben vorrangig dazu und nicht zu den beiden Zwecken, von denen wir oben
sprachen: zur Klärung, Prüfung und Konservierung der eigenen
Gedanken einerseits, zum philosophischen Austausch andererseits. Leider bleiben diese genuinen Zwecke des philosophischen
Schreibens im gewöhnlichen Studienalltag eher unsichtbar. In
den seltensten Fällen werden Studenten zu einer informellen
Praxis des klärenden Schreibens motiviert und den wenigsten
wird überhaupt bekannt sein, dass Philosophen in dieser Weise
schreiben, weil sie den Profis dabei vermutlich nie über die
Schulter schauen können. Sie sehen nur die fertigen Texte. Und
in einen fachlichen Austausch mündet das studentische Schreiben meistens auch nicht.

Studentisches
Schreiben zu
Prüfungszwe-
cken

Wir halten dies für bedauerlich, da ein wichtiger Schritt zum
erfolgreichen und persönlich gewinnbringenden Schreiben im
Studium darin besteht, dass Studenten auch die genuinen Zwecke verstehen und verfolgen. Verfehlen sie sie nämlich, bleiben

ihre Texte der Tendenz nach entweder selbstvermittelnd und schreiberzentriert oder leblos und formorientiert. Im ersten Fall können die Texte zwar eine hohe persönliche Relevanz haben, berücksichtigen aber die in der philosophischen Gemeinschaft etablierten Standards nicht ausreichend. Im zweiten Fall richten die Studenten ihr Schreiben zu stark auf die einzuhaltende Form aus und erfüllen (oberflächlich) die Merkmale wissenschaftlicher Texte, während das Schreiben für sie selbst technokratisch und belanglos bleibt. Beide Haltungen führen zu Ärger und Frustration und oft auch zu schlechten Noten.

Schreiben als private philosophische Praxis

Nicht selten hängen der verengte Blick auf den Prüfungszweck und die Unlust an Schreibarbeiten zusammen. Denn nur wer seine Seminararbeiten nicht ausschließlich als abverlangte Leistung erlebt und auch über das geforderte Mindestmaß hinaus schreibt, kann es als philosophische Praxis entdecken. So beschreibt der Philosoph Martin Seel, wie die Lust am Philosophieren und Schreiben zusammengehen können:

> „Aber jemand, der die Philosophie mit Kunst und Leidenschaft betreibt, [...] so jemand wird nur, wer das eigene Denken schreibend zum Leben erweckt und am Leben erhält. [...] Die Herstellung von Texten ist [...] ein unverzichtbares Medium der Entwicklung und Ausgestaltung ihres [der Philosophierenden; d. Verf.] Denkens. Erst mit der Arbeit und der Lust an der Arbeit am Text entsteht die Fähigkeit einer von der Fesselung an Texten freien Reflexion."[12]

In den nächsten beiden Abschnitten betrachten wir genauer, wie Sie als Student die genuinen Zwecke des philosophischen Schreibens verfolgen können. Im ersten Schritt erläutern wir dafür den Wert von Notizen, Kritzeleien, Exzerpten, also möglichen Formen des klärenden Schreibens. Im zweiten Schritt gehen wir darauf ein, welche Bedeutung der (imaginierte) fachliche Austausch für das Schreiben von Seminararbeiten hat.

---

12 Seel (2001), S. 10.

3.6 Der Wert von Notizen, Kritzeleien, Exzerpten

Der wissenschaftliche Schreibprozess unterteilt sich grob in drei Phasen: Recherchieren und Planen, Schreiben, Überarbeiten. Der Weg führt, oberflächlich betrachtet, von der Auseinandersetzung mit fremden Texten zum eigenen Text. Für viele Studenten klafft ein Abgrund zwischen der Recherche- und Planungsphase und dem Schreiben. Sie recherchieren, lesen, vielleicht exzerpieren sie auch und entwerfen eine Gliederung, aber irgendwann ist der Zeitpunkt gekommen, da soll es mit dem „richtigen" Schreiben losgehen. An diesem Punkt müssen sie sich frei machen von den fertig gegossenen, fremden Texten und den Sprung ins eigene Schreiben schaffen. Man könnte diese Situation darstellen wie in Abbildung 1.

Vom Lesen zum Schreiben

Dann kann es passieren, dass man vor dem leeren Blatt sitzt und trotz der intensiven Recherchearbeit nicht weiß, was man schreiben soll. Manchmal scheitert der Schreibprozess dann komplett; manchmal entsteht unter höchstem Druck in der letzten Nacht vorm Abgabetermin ein Text. Neben diesen beiden Szenarien gibt es ein weiteres, das wohl viele Studenten einmal erleben: Sie sitzen vor ihrem Computer, um ihre Seminararbeit zu schreiben, umringt von aufgeschlagenen Büchern und ihr Blick jagt zwischen den Büchern und dem Bildschirm hin und her. Sie suchen sich aus den bereitgelegten fremden Texten Sätze und Passagen heraus, die ungefähr das sagen, was sie selbst sagen wollen, und hangeln sich beim Schreiben von Zitat zu Zitat. Weil sie glauben, die Gedanken nicht besser ausdrücken zu können, als sie sie bereits geschrieben vorfinden, montieren sie ihren (vermeintlich) eigenen Text aus fremden „Textbruchstücken" zusammen.[13] Zitatcollagen könnte man die Ergebnisse solcher Arbeitsprozesse nennen. Typische Merkmal sind neben den vielen Zitaten auch die Stilbrüche, die daher rühren, dass der Autor sich nicht von seinen Vordenkern und deren Texten lösen kann. Es mag scheinen, als würde die Übernahme fremder Text- und Satzteile Arbeit – vor allem Formulierungsarbeit – sparen. Zudem scheint dieses Verfahren den – von Studenten manchmal begrüßten – Effekt zu haben, dass die Verantwortung für das Geschriebene scheinbar nicht bei ihnen selbst, sondern bei anderen

„Kleben" an fremden Texten

Zitatcollagen

---

13 Das führt nicht nur zu unleserlichen Texten, sondern manchmal auch zu Verletzungen der Standards guter wissenschaftlicher Praxis (vgl. Kap. 4.6).

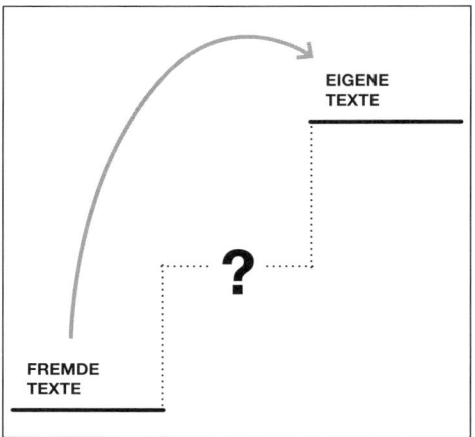

Abb. 1: Der Sprung ins eigene Schreiben

Autoren liegt. Studienanfänger haben manchmal das Gefühl, selbst noch keine wissenschaftlichen Urteile fällen zu können (oder auch: zu dürfen) und treffen dann vorsichtshalber inhaltlich relevante Aussagen nur in Form von Zitaten, für deren Richtigkeit vermeintlich die anderen bürgen.

Doch letztlich stellt diese Art des Schreibens, das „Kleben" an fremden Texten, keine Entlastung dar: Weder kann man damit die Verantwortung für seinen Text abgeben, noch spart man sich Arbeit. Das Hin- und Herblättern, Nachschlagen und Zusammenkleistern von fremden Sätzen und Gedanken ist nicht weniger aufwändig, als Gedanken, die man verinnerlicht hat, auszuformulieren. Und es ist nicht einmal so, dass die Texte am Ende „wissenschaftlicher klingen" würden, weil in ihnen wissenschaftssprachliche Wendungen, Fremdwörter und Fachbegriffe aus professionellen Texten übernommen wurden. Ganz im Gegenteil: Zitatcollagen lesen sich meist sehr mühsam, weil ihnen der Schreib- und Gedankenfluss eines selbst denkenden und selbst formulierenden Autors fehlt. Vor allem aber empfinden Studenten diese Art des Schreibens eigentlich immer als unbefriedigend. Sie ist zäh und uninspiriert. Und am Ende ihrer Mühen schauen die Autoren nicht einmal stolz auf ihren Text, weil sie ihn nicht als eigenes Produkt empfinden. Oft sind sie mit ihrem Ergebnis unzufrieden, und die Dozenten auch.

Eine wichtige Brücke von den fremden Texten zum eigenen bilden schriftliche Vorarbeiten, z.B. in Gestalt von Notizen, Kritzeleien, Exzerpten oder Skizzen. Das sind die oben bereits beschriebenen Schreibarbeiten, die den privaten Schreibtisch meist nicht verlassen. Sie lassen den Übergang zwischen der Phase des Planens und Recherchierens zum Schreiben fließend werden. Wenn man die eigenen Gedanken dann und wann zu Papier bringt, entstehen erste eigene Formulierungen, Textfragmente, versprachlichte Textstrukturen, die dynamisch zu der Se-

Marginalien:

Unleserliche Texte

Fehlender Schreib- und Denkfluss

Schriftliche Vorarbeiten als Brücke zwischen dem Lesen und Schreiben

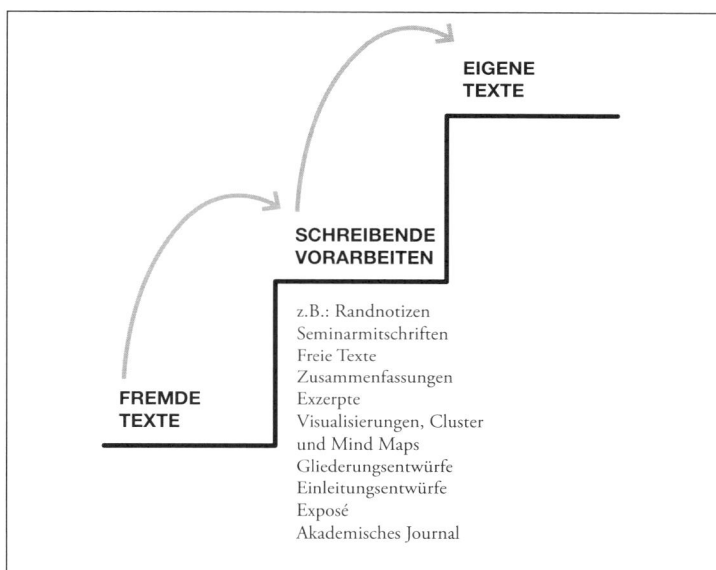

Abb. 2: Treppe zum eigenen Schreiben

minararbeit führen können. All dieses Material können Sie als Autor oder Autorin verwenden, wenn Sie irgendwann beschließen, eine erste Textversion zu erstellen. Sie sitzen, bildlich gesprochen, nicht vorm leeren Blatt, wenn Sie zu schreiben beginnen. Statt zu springen, wie wir es in der Abbildung 1 dargestellt haben, nehmen Sie quasi die Treppe, wie in Abbildung 2.

Es gibt, wie die Liste zeigt, viele verschiedene Methoden, um den eigenen Text schriftlich zu planen und zu entwickeln (im Online-Material werden diese Methoden erläutert). Einige davon gehören zu den „Must-haves" des wissenschaftlichen Schreibens: Randnotizen und Unterstreichungen, Exzerpte und Gliederungsentwürfe. Bei diesen Methoden wird für die Seminarteilnahme und beim Sprechstundenbesuch erwartet, dass Sie sie beherrschen. Damit Sie z.B. der Diskussion gut folgen und selbst Beiträge bringen können, die sich auf konkrete Textstellen beziehen, müssen Sie die Lektüre zu Hause schriftlich aufbereiten. (Wenn Sie den Text also nur digital lesen, brauchen Sie eine Software, mit der Sie Markierungen und Kommentare anbringen können.) Exzerpte sind unerlässlich, weil sie eine wichtige Schnittstelle zwischen dem fremden und dem eigenen Text darstellen. Gliederungsentwürfe schließlich sind für die Konzeption eigener Texte von zentraler Bedeutung, weil sie Planungsschritte

Schriftliche Vorarbeiten: die Must-haves

Abb.3:
Material nutzen

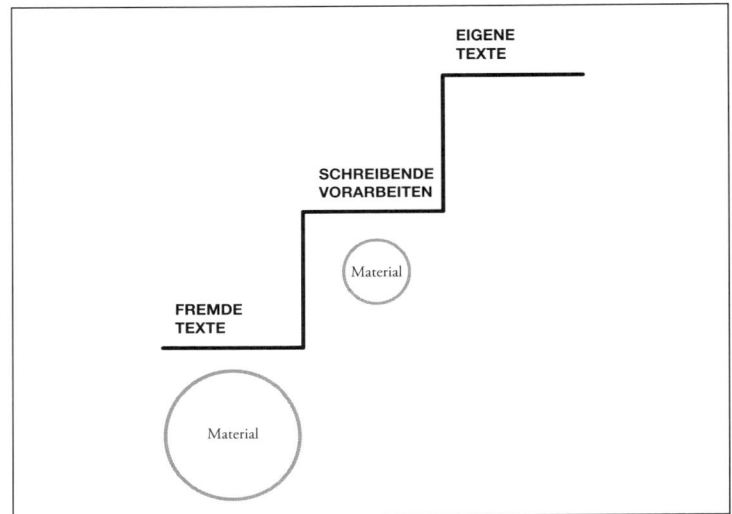

wie das Eingrenzen des Themas und das Ausformulieren einer zentralen These veranlassen. Sie sind zudem nützlich, um die geplante Arbeit mit dem Dozenten zu besprechen.

Andere Methoden, wie Mind Maps oder Free Writing, begegnen Ihnen im Uni-Alltag selten oder nie, können aber für die eigene Arbeit dienlich sein. Manche Menschen finden freie Reflexionstexte ergiebig, andere unsinnig. Manche finden Visualisierungen hilfreich, andere nicht. Die einen planen gern mit dem Stift, die anderen am Computer. Probieren Sie die verschiedenen Methoden und Möglichkeiten unvoreingenommen aus und entwickeln Sie eigene Varianten und Gewohnheiten. Egal wie, in jedem Fall sollten Sie schriftliche Vorarbeiten machen, wenn Sie eine Seminararbeit schreiben wollen.

Schriftliche Vorarbeiten: viele Möglichkeiten

Schriftliche Vorarbeiten sind zeitaufwändig, deswegen sollte man sie gezielt einsetzen. Nicht immer ist Schreiben das Mittel der Wahl. Solange man sich z.B. zur Orientierung in ein Thema einliest, macht es keinen Sinn, jeden Text zu exzerpieren; in einer solchen Phase ist kursorisches Lesen gefragt. Wenn Sie sich aber entschließen, schriftlich zu arbeiten, tun Sie es gewissenhaft und bewahren Sie die Ergebnisse auf. Randnotizen, Exzerpte oder Zusammenfassungen sind wertlos, wenn sie nicht sorgfältig erstellt wurden. Wenn Sie hingegen gute schriftliche Vorarbeiten machen, müssen Sie beim Schreiben der Rohfassung fast nicht mehr in die fremden Texte schauen, sondern nur noch in das auf-

Gezielter Einsatz

bereitete, selektierte und selbst erarbeitete Material.[14] Sie betreten also – um die Treppengrafik noch mal anzuführen – nur noch in bestimmten Ausnahmefällen die erste Stufe, auf der Sie in den fremden Texten nachschlagen und nachlesen.

Schriftliche Vorarbeiten: selektiertes und aufbereitetes Material

3.7 Für den fachlichen Austausch schreiben

Philosophische Veröffentlichungen sind in Diskurse eingebunden. Sofern sich Philosophen die Mühe machen, ihre Überlegungen in die Form eines publikationsreifen Textes zu bringen, verfolgen sie damit eine kommunikative Absicht:[15] Sie schalten sich in einen fachlichen Austausch ein oder wollen einen solchen anstoßen. Studentische Texte sind demgegenüber Sackgassen. Sie diskutieren zwar unter Umständen fremde Texte, sind aber nicht in einen Diskurs eingebunden. Dementsprechend ist die kommunikative Absicht der studentischen Autoren meistens begrenzt; sie schreiben, um ihr Wissen zu präsentieren und weil es von ihnen verlangt wird. Natürlich schreiben Studenten auch, um ihre Gedanken mitzuteilen, aber sie sind sich darüber bewusst, dass sie ihren Lesern, den Prüfern, selten neue Einsichten vermitteln können und dass sie über ihre Seminararbeiten nur selten in ein fachliches Gespräch eintreten.

Kommunikative Absicht in professionellen und in studentischen Texten

Auf den ersten Blick scheint der Zweck des fachlichen Austausches für das studentische Schreiben also irrelevant zu sein. Auf den zweiten Blick zeigt sich jedoch, dass zumindest die Fiktion, für einen Fachdiskurs zu schreiben, außerordentlich hilfreich für das Verfassen von Seminararbeiten ist. Wir schlagen Ihnen allerdings vor, sich als Studentin oder Student im Bachelorstudium zunächst keinen Fachdiskurs mit arrivierten Philosophen, sondern mit Ihren Kommilitonen vorzustellen. Diese Empfehlung wollen wir genauer betrachten und begründen.

Wenn man einen Text für einen Leser schreibt, dann wird die Rhetorik des Textes stark dadurch bestimmt, wen man sich

---

14 Natürlich gibt es hier allerhand Ausnahmen, z. B. wenn man intensiv an der Interpretation eines Textauszuges arbeitet.

15 Texte entstehen natürlich auch aus anderen Motiven, so z.B. dem Wunsch nach Reputation oder dem Produktivitätszwang innerhalb eines Forschungsprojektes. Doch selbst wenn der ursprüngliche Schreibimpuls kein Kommunikationsbedürfnis ist, werden sich die Autoren einige interessierte Leser erhoffen.

als Adressaten vorstellt, mit welcher Absicht man sich an den Adressaten wendet und in welcher Rolle man sich selbst gegenüber dem Leser sieht. Unter diesem Gesichtspunkt unterscheiden sich Fachaufsatz und Seminararbeit. Denken wir uns kurz in die Situation hinein, dass eine anerkannte Philosophin einen Fachaufsatz veröffentlicht. Sie stellt als Diskursmitglied (das ist ihre Rolle) ihren Fachkollegen (also den Adressaten) einen Diskussionsbeitrag (ihren Text) bereit. Sie darf davon ausgehen, dass jemand ihren Beitrag beachten, eventuell auch darauf reagieren wird. Sie will mit ihrem Text überzeugen und wird ihren Text entsprechend der (ihr in vielerlei Hinsicht bekannten) Lesererwartungen gestalten. Vergleichen wir dies mit dem studentischen Schreiben: Eine Studentin erbringt als Auszubildende (das ist ihre Rolle) ihrem Prüfer (dem Adressaten) einen Nachweis über ihre Kenntnisse und Fähigkeiten (der Text). Sie geht davon aus, dass ihr Text korrigiert und bewertet wird und hofft eventuell auch darauf, Interesse zu wecken. Je nach Persönlichkeit und Ausbildungsstand hat sie auch den Ehrgeiz, ihren Prüfer zu überzeugen; vorrangig aber scheint der Text der Exposition von Wissen und Fähigkeiten zu dienen. Aus diesem Blickwinkel schauen Studenten häufig auf ihre Seminararbeiten. Er ist nicht prinzipiell falsch, aber in der Hinsicht problematisch, dass sich Auszubildende gegenüber ihren Prüfern anders ausdrücken und auch andere Inhalte darstellen als Philosophen, die für ihre Fachkollegen schreiben. Daher gestalten Studenten, die ihre Rolle und Aufgabe in der beschriebenen Weise verstehen, ihre Seminararbeit rhetorisch anders als einen Fachaufsatz. Wir möchten Ihnen deswegen eine zweite, ebenfalls zutreffende Perspektive vorschlagen: Die Studentin ist eine intelligente Person, die eigenständig denken und philosophieren kann und einem anderen Philosophierenden einen Diskussionsvorschlag macht bzw. eine Erkenntnis vermittelt.[16] Sie und ihr Adressat haben zwar einen unterschiedlichen Ausbildungsstand, sind aber beide Teilnehmer des fortwährenden philosophischen Austausches (vielleicht auch: Sie sind beide Menschen und als solche philosophieren sie). Als Adressat repräsentiert der Prüfer die philosophische Diskursgemeinschaft. Je weiter Sie im Studium fortschreiten, umso mehr wird es Ihnen gelingen, Ihre Schreib-

Ziel des professionellen Schreibens und Autorrolle

Ziel des studentischen Schreibens und Autorrolle

Ziel: Exposition von Wissen und Fähigkeiten?

Ziel: Philosophieren

---

16 Diese Erkenntnis muss – im Unterschied zu dem, was man von den Texten einer etablierten Philosophin erwartet – nicht neu sein (vgl. FAQ 5.5).

situation in dieser zweiten Weise zu verstehen und Ihren Text rhetorisch einem Fachaufsatz anzugleichen. Manchmal schon in der Masterarbeit, spätestens aber in der Dissertation ist der Übergang vollzogen und Ihr Text stellt tatsächlich einen Beitrag zum Fachdiskurs dar.

Studienanfänger sind jedoch damit überfordert, für ihren Prüfer adressatengerecht zu schreiben. Sie können seine Ansprüche und Kenntnisse nicht richtig einschätzen, weshalb sie u.a. unsicher sind, welche Argumente, Theorien oder Begriffe sie erklären sollten. Im Zweifelsfall weiß der Leser sowieso alles besser (vgl. FAQ 5.9). Deswegen raten wir Ihnen, sich beim Schreiben vorzustellen, dass Sie Ihren Beitrag an Ihre *Peers*[17] richten. Mit ihnen können Sie in einen fachlichen Austausch treten, der Ihrem Kenntnisstand und Ihren Fähigkeiten entspricht, in dem aber zugleich die Kommunikationsstandards der Wissensgemeinschaft gelten. Die Anforderungen wachsen mit dem Ausbildungsstand.

Imaginierter fachlicher Austausch mit Peers

Es liegt nahe, es nicht nur bei dieser Fiktion zu belassen. Wir möchten Sie ermutigen, dass Sie sich tatsächlich Gelegenheiten für einen fachlichen Austausch suchen. Es ist sehr motivierend und lehrreich, philosophische Gedanken anhand von eigenen Textauszügen mit anderen philosophierenden Menschen und angehenden Philosophen zu diskutieren. Da studentische Texte in Seminaren leider kaum diskutiert werden, müssen Sie sich die Gelegenheit dazu selbst schaffen. Sehr hilfreich kann es z.B. sein, mit Kommilitonen eine Arbeitsgruppe zu bilden, in der Sie Ihre Texte austauschen und besprechen oder die eigene Arbeit in einem Studierendenkolloquium[18] zur Diskussion zu stellen. Auf diese Weise erhalten Sie Überarbeitungsvorschläge und neue fachliche Impulse. In ähnlicher Weise funktionieren auch die Kolloquien für fortgeschrittene Studenten, angehende Absolventen und Doktoranden, die von Dozenten geleitet werden. Vereinzelt gibt es außerdem Philosophie-Tagungen speziell für Studenten, so z.B. den Studierendenkongress der Bundesfachschaftentagung (BuFaTa) Philosophie. Eine wichtige Einrichtung für den philosophischen Gedankenaustausch ist zudem die

Tatsächlicher fachlicher Austausch mit Kommilitonen

Fachlicher Austausch in der Sprechstunde

---

17 Ebenbürtige, Gleichgestellte.
18 Studierendenkolloquien gehören nicht zu den festen Einrichtungen an philosophischen Instituten. Falls es an Ihrem Institut keines gibt, können Sie es selbst gründen.

Sprechstunde der Dozenten. Hier dürfen und sollten Sie inhaltliche Fragen, die sich während Ihres Arbeitsprozesses ergeben, mit Ihren Prüfern besprechen (vgl. FAQ 5.14).

3.8 Über das Schreibenkönnen

Wie wir gesehen haben, orientieren sich Seminararbeiten in ihrer Form, aber auch in ihrer kommunikativen Absicht an Fachaufsätzen. Für Sie als Studentin oder Student heißt das, dass Sie, um gute Seminararbeiten zu schreiben, sehr vieles können und wissen müssen, das Sie bei schulischen oder anderen Schreibaufgaben noch nicht erlernt haben. Selbst wenn Sie bisher gute Rückmeldungen zu Ihren schriftlichen Arbeiten, z.B. Schulklausuren oder journalistischen Texten, bekommen haben, kann es passieren, dass Sie sich mit Ihren ersten Seminararbeiten schwertun. Denn es gibt nicht so etwas wie eine universelle Schreibkompetenz. Um Texte einer bestimmten Sorte gut schreiben zu können, muss man auch spezifische Schreibfertigkeiten besitzen. (Unter einem anderen Blickwinkel begegnen uns hier erneut viele Anforderungen, die wir bereits im zweiten Kapitel kennen gelernt haben.) Wissenschaftliches, philosophisches Schreiben setzt weitere Fertigkeiten voraus – die wichtigsten wollen wir uns genauer anschauen.

„Gut schreiben" ist keine universelle Fähigkeit

Zunächst braucht man für gelungene philosophische Seminararbeiten, wie für jede Schreibaufgabe, sprachliche Fähigkeiten. Von Studienanfängern wird auf jeden Fall erwartet, dass sie grammatikalisch und orthografisch korrekte Texte schreiben können. Viele weitere sprachliche Fertigkeiten erwerben Studenten jedoch erst an der Universität. Wissenschaftler und Philosophen kommunizieren in ihren Texten mit spezifischen sprachlichen Mitteln, die man als Student erst erlernen muss: Mit bestimmten Wendungen erläutert man den Aufbau seines Textes, mit anderen signalisiert man beispielsweise, dass man gerade nicht die eigenen, sondern fremde Überlegungen wiedergibt, mit jeweils speziellen sprachlichen Mitteln kann man verschiedene Grade an Gewissheit und Zweifel oder Einwände anzeigen oder Schlussfolgerungen an Prämissen anknüpfen. (Zu den sprachlichen Anforderungen siehe auch Kap. 4.5.)

Wissenschaftssprachliche Fähigkeiten

Auch die Anforderungen der Textsorte Seminararbeit, die, wie wir oben sahen, recht komplex sind, müssen Studienanfänger erst kennenlernen. (Ob die Facharbeit, die Abiturienten verfassen, darauf vorbereitet, ist fraglich.)[19]

Außerdem brauchen Studenten natürlich Fachkenntnisse: Sie müssen ein geeignetes Problem finden, und dafür brauchen sie u.a. ein Verständnis davon, was eine strittige philosophische Frage ist. Sie müssen u.U. auch wissen, was andere zu diesem Problem gesagt haben – was wiederum die Fähigkeit voraussetzt, Literatur zu finden, fremde Texte zu lesen und zu entschlüsseln. Und natürlich brauchen Sie auch logische und analytische Fähigkeiten, um ein philosophisches Problem selbständig zu beleuchten und eine beweiskräftige Argumentation zustande zu bringen.

Recherche-kompetenz, hermeneutische Fähigkeiten

Analytische und logische Fähigkeiten

Da philosophische Arbeits- und Schreibprozesse komplex und oft langwierig sind, können sie nicht „in einem Rutsch" bewältigt werden. Somit müssen Autoren philosophischer Texte lernen, ihr Schreiben immer wieder in Gang zu bringen, es zu organisieren und zu steuern. Das erfordert Erfahrung und ein gewisses Maß an Reflexion des eigenen Schreibhandelns: Fange ich lieber früh zu schreiben an oder plane ich besser länger? Überarbeite ich einen Text oder schreibe ich besser eine neue Version? Wann und wie hole ich Feedback ein? Mit der Zeit entwickeln die meisten Autoren Strategien, mit verschiedenen Schreibaufgaben und -umständen umzugehen. Manchmal bedarf es dabei auch einer gewissen Kompetenz im Krisenmanagement, weil sich Zeitnot, Ideenmangel und Unlustgefühle nicht immer vermeiden lassen.

Schreibprozess organisieren und steuern

Wenn man sich die vielen Fähigkeiten und Kenntnisse vor Augen führt, die man für eine gelungene Seminararbeit braucht, wundert es nicht, dass die meisten Studienanfänger mit ihren ersten Seminararbeiten ringen. Es gibt vieles, was sie noch nicht so gut können und verstanden haben. Und das ist auch in Ordnung, denn sie befinden sich in einer Ausbildungssituation. Bezüglich der Studieninhalte ist das Anfängern durchaus klar, bezüglich ihrer Schreibfähigkeiten jedoch haben manche die Vorstellung, dass sie alles Nötige aus der Schule mitbringen. Mit dem Eintritt in das Studium geht aber auch das Schreiben-Lernen weiter und es ist nützlich, manchmal auch entlastend, das zu erkennen.

Schreiben lernen im Studium

Wenn Probleme beim Schreiben auftauchen, vermuten einige Studenten vorschnell, sie hätten kein Talent dazu. Sie glauben,

Schreiben kann man lernen

---

19 Vgl. dazu u.a.: Schindler (2015).

man könne entweder schreiben oder eben nicht. Viele vermuten, die Ursachen lägen im sprachlichen Bereich (Bsp.: „Ich kann halt nicht wissenschaftlich formulieren"), weil sich die Schwierigkeiten während des Formulierens zeigen. Ausdrucksschwierigkeiten haben aber nicht immer nur ihre Ursache im sprachlichen Bereich, sondern können sich auch daraus ergeben, dass jemand z.B. die Anforderungen der Textsorte nicht ausreichend kennt oder Probleme bei der Arbeitsorganisation hat. Hier helfen entsprechende Informationen und vor allem Übung, und selbstverständlich kann man auch seine sprachlichen Fähigkeiten weiterentwickeln. Deswegen sollten Sie sich die Gelegenheiten zum Schreiben in Ihrem Studium suchen und Erfahrungen aufbauen, die Ihnen später auch beim Schreiben Ihrer Abschlussarbeit nützlich sein werden.

Weiterführende Literatur:

Liessmann, Konrad Paul: Über die allmähliche Verfertigung der Gedanken beim Schreiben. In: Schmölzer-Eibinger, Thürmann (Hg.): Schreiben als Medium des Lernens. Münster, New York: Waxmann, 2015: 345-351.
Seel, Martin: Vom Handwerk der Philosophie. 44 Kolumnen. München, Wien: Carl Hanser Verlag, 2001.

4. Was macht einen guten philosophischen Text aus?

4.1 Gute philosophische Texte sind problemorientiert

Die Problemstellung ist das A und O Ihrer Arbeit. Ohne ein Problem, das Sie bearbeiten wollen, werden Sie keine gute Seminararbeit zustande bringen, egal, wie sicher Sie z.B. in stilistischer Hinsicht sind. Die Philosophie weist gegenüber anderen Disziplinen eine Besonderheit auf: Sie kennt sowohl systematische wie auch historische und interpretatorische Probleme. Sie will einerseits systematisch an Sachfragen arbeiten, andererseits aber auch die philosophischen Texte der Vergangenheit historisch einordnen und verstehen. In philosophischen Hausarbeiten werden vor allem systematische oder interpretatorische Probleme behandelt; rein philosophiehistorische Probleme sind meist sehr zeitaufwendig zu bearbeiten, deshalb lassen wir sie hier außer Acht.

Sorten philosophischer Problemstellungen

Systematische Problemstellungen

Unter systematische Problemstellungen fallen Fragen wie: Worin besteht das gute Leben? Was ist Wissen? Unter welchen Bedingungen ist politischer Widerstand gerechtfertigt? Wie lässt sich das Verbot der Lüge rechtfertigen? Was ist das Wesen der Welt?

Wer ein Philosophiestudium aufnimmt, bringt oft ein Interesse an solchen Fragen mit und möchte diese auch gern in seinen Seminararbeiten behandeln. Gerade Studienanfängern fehlt aber oft das Bewusstsein dafür, wie umfangreich und verzweigt die Debatten über solche Probleme meist sind. Sowohl die großen wie auch die vielen kleinen philosophischen Rätsel sind im Laufe der 2.500-jährigen Philosophiegeschichte bereits vielfach bearbeitet worden. Die bereits vorliegenden Lösungsbeiträge (zumindest einige davon) sollten Sie als Mitglied der philosophischen Diskursgemeinschaft natürlich zur Kenntnis nehmen. Anders gesagt: Sie dürfen nicht einfach „drauflosphilosophieren". Philosophen nehmen auf ihre Vorläufer von jeher nicht deswegen Bezug, weil diese berühmt waren, sondern weil sie ihre Positionen für richtig oder falsch, in jedem Fall aber für diskussionswürdig halten. Es ist eine weitere Besonderheit der Philosophie, dass man Texte von Autoren, die vor Jahrtausenden gelebt haben, in ihren Argumenten bis heute genauso ernst nimmt wie die von Zeitgenossen, was auch einschließt, dass man sie genauso auf den Prüfstand stellt wie neuere Beiträge.

Im Rahmen einer Seminararbeit können Sie nun nicht Zehntausende von Seiten lesen, von der Aufgabe, alle auf diesen Seiten vorgebrachten Argumente zu prüfen, ganz zu schweigen. Wenn Sie also ein systematisches Problem behandeln wollen, müssen Sie irgendwie verhindern, dass die Aufgabe ausufert, ohne dabei den Stand der Diskussion außer Acht zu lassen. Dies lässt sich nur durch eine Zuspitzung der Fragestellung erreichen. Angenommen, Sie interessieren sich für die Frage, was Wissen ist, so sollten Sie zunächst überlegen, ob Sie sich nicht auf ein Spezialproblem beschränken können, indem Sie z.B. fragen, was Know-how, also eine bestimmte Art von Wissen ist. Eine weitere Verengung erreichen Sie, indem Sie nur eine bestimmte These, die zum fraglichen Thema gehört, verteidigen oder kritisieren (z.B. die These, dass Know-how von Tatsachenwissen verschieden ist). Noch mehr spitzen Sie Ihre Frage zu, indem Sie sich nur auf eine *einzige* Voraussetzung, die von den Verteidigern oder den Kritikern dieser These gemacht wird (z.B. die Voraussetzung, dass Know-how eine Fähigkeit ist) konzentrieren. Dabei können und sollten Sie natürlich immer sagen, wie diese Frage mit der übergeordneten Frage nach dem Wissen zusammenhängt. Dadurch machen Sie die Relevanz Ihrer Fragestellung deutlich. Mit jeder Zuspitzung der Fragestellung befreien Sie sich von einer Begründungslast und von Verpflichtungen, was die Lektüre und Verarbeitung anderer Positionen angeht.

Die Frage zuspitzen (Marginalie)

Interpretatorische Problemstellungen

Vielen Arbeiten, die aus Klassikerseminaren hervorgehen, liegen nicht systematische, sondern interpretatorische Problemstellungen zugrunde, z.B.: Worin besteht Aristoteles' Konzeption des guten Lebens? Was ist Descartes' Konzeption des Wissens? Wann ist Locke zufolge politischer Widerstand gerechtfertigt? Wie argumentiert Kant in der *Grundlegung zur Metaphysik der Sitten* für das Verbot der Lüge? Wie ist der erste Satz in Wittgensteins *Tractatus* zu verstehen?

Wer ein interpretatorisches Problem behandeln will, muss genau wie jemand, der ein systematisches Problem behandeln möchte, darauf achten, dass er das Problem im Umfang seiner geplanten Arbeit tatsächlich lösen kann. Doch es ist einfacher, ein interpretatorisches Problem einzukreisen als ein systematisches: Erstens hat man es, wenn man sich nicht mit der Frage nach dem guten Leben, sondern mit Aristoteles' Konzeption desselben befasst, nicht gleich mit der gesamten Geschichte der Ethik zu tun, sondern nur mit einem Autor. Zweitens kann man von vornherein auch einen geringeren Textumfang zugrunde legen. Statt ein komplettes Werk zu interpretieren, interpretiert man nur ein Kapitel oder Ausschnitte daraus. (Unten werden wir noch zeigen, dass und warum man dabei oft auf andere Teile des Werks zurückgreifen muss.) Das Risiko, dass man sich ein viel zu großes Thema aufhalst, ist nicht so groß wie bei einer systematischen Problemstellung. Interpretatorische Arbeiten setzen ebenso wie systematische Arbeiten voraus, *dass es ein Problem gibt*. Das Problem besteht hier darin, dass irgendetwas am Text im weitesten Sinne schwierig zu verstehen ist.[1] Ein verständlicher Text bedarf keiner Interpretation, aus ihm ergibt sich kein interpretatorisches Problem. Es besteht auch keinerlei Veranlassung, seine Inhalte erneut wiederzukäuen. Unsere oben angeführte Beispielliste für interpretatorische Fragen setzt daher voraus, dass jede davon sich nicht einfach dadurch beantworten lässt, dass man den Text referiert, auf den sich die Frage bezieht. Anders als in einer Klausur oder in einer mündlichen Prüfung sollen Sie mit Ihrer Seminararbeit nicht einfach beweisen, dass Sie den Inhalt eines fremden Textes kennen und wiedergeben können. Die Besonderheit philosophischer Interpretationen besteht darin, dass sie es oft darauf anlegen, den Text auch systematisch zu durchdringen: Anders als beispielsweise eine Althistorikerin, die sich mit Aristoteles' Ethik befasst, fragt ein Philosoph nicht nur, was Aristoteles mit bestimmten Aussagen gemeint haben könnte und in welchem historischen Kontext seine Theorie steht, sondern auch, ob seine Argumentation beweiskräftig ist. Interpreten philo-

Interpretationen sind keine Wiedergabe des Textes

---

[1] Mit Oliver Scholz können drei generelle Typen von Schwierigkeiten unterschieden werden: Die zu verstehende Sache kann „kompliziert", „zusammenhanglos" oder „unterbestimmt" sein. Die Schwierigkeiten werden, wie Scholz deutlich macht, im ersten Fall durch eine Analyse, im zweiten Fall durch die Betrachtung des Kontextes und im dritten Fall durch die genauere Bestimmung des Verstehensobjekts überwunden; vgl. Scholz (2015), S. 152. Typische Verstehensobjekte in philosophischen Texten sind komplizierte Argumente oder isolierte Behauptungen, deren Zusammenhang mit und Rolle für den restlichen Text unklar ist, oder mehrdeutige Ausdrücke.

sophischer Texte interessieren sich dafür, welches philosophische Problem der Verfasser des Textes lösen will, wie er dabei genau vorgeht *und* wie erfolgreich er ist. Erst wenn all dies geklärt ist, hat man ein philosophisches Verständnis des Textes entwickelt.

Was sind philosophische Fragestellungen?

Es leuchtet ein, dass man in einer Seminararbeit im Fach Philosophie philosophische Probleme behandeln soll und keine psychologischen oder soziologischen oder naturwissenschaftlichen. Die Auffassung davon, was ein philosophisches Problem ist, hat sich allerdings mit der Zeit gewandelt. Bei den Vorsokratikern galten z.B. Fragen als philosophisch, die heute von der Physik behandelt werden. Bestimmte Fragen haben sich zwar als sehr robust erwiesen – sie ziehen sich wie ein roter Faden von den Anfängen der Philosophie bis in die Gegenwart –, doch für andere Fragen gilt, dass Philosophen einer bestimmten Zeit sie als philosophisches Problem ansehen, andere hingegen nicht. Wenn Studenten eine systematische Frage behandeln wollen, tun sie gut daran, sich daran zu orientieren, ob diese Frage *aktuell* als philosophisches Problem angesehen wird. Die Frage, ob es Atome gibt, fällt nicht darunter. Das ist nicht allzu schwierig, denn meist stößt man ja auf solche Fragen, weil man sich mit einer bestimmten aktuellen Debatte befasst. Für die Behandlung von interpretatorischen Problemen hingegen kommen alle Texte in Frage, die der Philosophiegeschichte zugerechnet werden, auch wenn sie Probleme behandeln, die man heute nicht mehr als philosophisch ansieht. Texte von Leibniz, in denen er sich mit der Atomtheorie auseinandersetzt, können daher durchaus Thema einer philosophischen Seminararbeit sein. Je aktueller die Problemstellung eines historischen Textes ist, umso interessanter ist er für Philosophen auch in systematischer Hinsicht.

Philosophische Probleme im Wandel

Die Relativität von philosophischen Problemen

Probleme sind immer Probleme *für* jemanden. Dies gilt auch für die Problemstellung in einem philosophischen Text. Profis behandeln die Probleme, die sie mit ihren Fachkollegen teilen, oder sie werfen, gemessen am Diskussionsstand, ganz neue Probleme auf. Aber wir hatten schon darauf hingewiesen, dass Studienanfänger noch nicht adressatengerecht für Fachwissenschaftler schreiben können und Ihnen daher empfohlen, sich als Adressaten Kommilitonen vorzustellen (vgl. Kap. 3). Dies gilt auch im Blick auf die Problemstellungen Ihrer Arbeiten. Was für einen Fachwissenschaftler ein vertracktes, aber durchaus lohnendes Problem ist, kann für Studenten am Anfang ihrer akademischen Ausbildung zu voraussetzungsreich sein. Das Problem, das Sie aufgreifen, sollte daher in erster Linie eines sein, das sich für Sie und Ihre Kommilitonen stellt. Ein Beispiel sind Verständnisprobleme, die Ihr Dozent vielleicht schon überwunden hat. Für Studenten können solche Probleme genau den richtigen Schwierigkeitsgrad haben. Studenten sollten bei der Problemfindung ruhig auf sich selbst vertrauen, auf das, was *sie selbst* schwierig finden. Wir kommen darauf gleich noch zurück.

Von der Theorie zur Praxis: Eine konkrete Problemstellung finden

Wie ein problemorientierter Zugriff beschaffen sein kann, lässt sich an Beispielen studieren. Daher sollten Sie philosophische Fachaufsätze nicht nur auf ihre Inhalte, sondern auch auf die Art und Weise hin lesen, in der sie ihr Thema behandeln. Sie sind gute methodische Vorbilder. Oft sagen die Autoren, welche Aufgabe sie in Angriff nehmen wollen, welche Lösung sie vorschlagen und wie sie ihren Vorschlag begründen wollen. Solche leserführenden Passagen (vgl. Kap. 4.3) sind gute Blaupausen für Ihre eigenen Versuche.

Fachaufsätze als Vorbilder

Daneben sind auch Seminare eine Fundgrube für gute Problemstellungen. In einer lebendigen Diskussion über eine Lektüre werden oft sowohl systematische Fragen wie auch Fragen zum Verständnis oder Einwände gegen das im Text Gesagte aufgeworfen. Fast immer werden auch schon Lösungen erwogen. Das sollte Sie aber nicht daran hindern, das Problem in einer Seminararbeit erneut aufzugreifen und zu erörtern – ganz im Gegenteil: Je intensiver die Diskussion geführt wurde und je vielfältiger die diskutierten Lösungsvorschläge waren, umso sicherer können Sie sein, dass ein echtes Problem vorliegt. Sie sollten sich daher unbedingt während oder nach den Sitzungen Notizen machen.

Seminare als Fundgrube für Probleme

Wie man eine systematische Problemstellung eröffnen kann

Wir möchten Ihnen mit einem Aufsatz von Jennifer Saul hier nur ein Beispiel geben, um Sie dafür zu sensibilisieren, wie man ein systematisches Problem angehen und behandeln kann.
Saul schreibt:

> „Die Vorstellung, dass die Lüge moralisch schlimmer sei als die bloße Irreführung, ist ganz natürlich. Sie brachte den heiligen Athanasius dazu, die Frage seiner Verfolger, wo Athanasius sich aufhalte, mit dem Satz zu beantworten: ‚Er ist nicht weit von hier‘ – statt zu sagen: ‚Athansius ist nicht hier‘ (MacIntyre 1994: 336). Es war (wahrscheinlich) dieselbe Vorstellung, die Bill Clinton zu der Aussage bewegte: ‚Es gibt keine sexuelle Beziehung‘, statt zu sagen: ‚Es hat nie eine sexuelle Beziehung gegeben‘. Wenn wir ehrlich über unser eigenes Leben nachdenken, werden die meisten von uns feststellen, dass wir dasselbe tun. Und wir befinden uns damit in guter Gesellschaft. Kant, der nicht gerade für seine Toleranz gegenüber Täuschungen bekannt ist, erklärt zwar die Lüge, nicht aber die bloße Irreführung für unzulässig. Diese Präferenz ist jedoch sehr verwirrend: Letztlich läuft sie darauf hinaus, dass man eine Art der Täuschung gegenüber einer anderen bevorzugt. Wenn aber sowohl die Ergebnisse wie auch die Motive dieselben sind, warum sollte man dann diese moralische Präferenz haben?“[2]

Saul steigt mit der Auffassung ein, die sie im weiteren Verlauf ihres Aufsatzes widerlegen will: der Auffassung, dass Irreführungen moralisch weniger verwerflich sind als Lügen. Die Posi-

---

2 Übers. durch die Autorinnen. Im Original Saul (2012), S. 9: „The view that lying is morally worse than merely misleading is a very natural one. It's what led St. Athanasius, questioned by his pursuers about the whereabouts of Athanasius, to say ‚He is not far from here‘ rather than ‚Athanasius isn't here‘ (MacIntyre 1994: 336). It's also (probably) what led Bill Clinton to say ‚There is no sexual relationship‘ rather than ‚There never has been a sexual relationship‘. For the most of us, honest reflection of our own lives will reveal that we do the same thing. And we're in good company here. Kant, not exactly noted for his tolerance of deception, forbade lying but not mere misleading. Nonetheless, this preference is very puzzling: it amounts to a preference of one mode of deception over another. If the result is the same, and the motivation is the same, why should we have this moral preference?“

tion, auf die Saul sich bezieht, wird als zeitlose systematische Option dargestellt, auch wenn sie mit den Namen historischer Personen (z.B. MacIntyre, Kant) verknüpft ist. Dieses Vorgehen ist typisch für systematisch ausgerichtete Abhandlungen.

Dann tritt Saul einen Schritt zurück und formuliert ihr Problem: Ist das, was so viele Menschen denken, wirklich wahr? Um die Leser davon zu überzeugen, dass hier tatsächlich ein Problem liegen könnte, führt sie zunächst ein Beispiel an: Frieda leidet unter einer Erdnussallergie. George will sie ermorden und lädt sie zu einem Essen ein, das mit Erdnussöl zubereitet ist. Friedas besorgte Frage, ob Erdnüsse im Essen sind, verneint er, das Erdnussöl verschweigt er. Saul stellt fest:

> „Wenn die Irreführung immer besser ist als die Lüge, dann hätte George mit der Wahl seiner wahren, aber irreführenden Äußerung ein bisschen weniger verwerflich gehandelt, als wenn er etwas Unwahres gesagt hätte wie: ‚Nein, das Essen ist völlig unbedenklich für dich.‘ Dass dies falsch ist, scheint klar zu sein."[3]

Das Beispiel ist bereits ein Teil der Argumentation (vgl. Kap. 4.4). Zugleich verdeutlicht es, dass hier tatsächlich ein systematisches Problem vorliegt: Wenn es zumindest in manchen Fällen so ist, dass die Irreführung genauso schlimm wie die Lüge ist, dann muss man noch einmal überlegen, ob sie vielleicht sogar grundsätzlich gleich schlimm ist.

Jeder Fachaufsatz führt anders in seine Problemstellung ein. Manchmal wird die Problemstellung sogar nicht einmal explizit erwähnt und der Aufsatz fängt gleich mit einer These an. Aber auch in diesem Fall bildet die Problemstellung den Horizont, vor dem die These entfaltet wird. Thesen sind *strittige* Antworten; wer in der Philosophie eine These aufstellt, sollte im Prinzip die dazugehörige Frage formulieren können. Der Fragehorizont liefert den für das Verständnis unerlässlichen Kontext für die These (vgl. FAQ 5.3). Dies gilt auch für systematisch angelegte Hausarbeiten: Sie können durchaus mit Ihrer These einsteigen. Sie müssen die Problemstellung in Ihrer Arbeit nicht mal expli-

---

3 Übers. durch die Autorinnen. Im Original ebd.: „If misleading is always better than lying, then George did something slightly less bad by choosing his true but misleading utterance rather than a false one like ‚No, it's perfectly safe for you.‘ This seems clearly wrong."

zit benennen, sofern sie sich aus der These selbst erschließen lässt. Wir empfehlen Ihnen aber, den Fragehorizont zumindest in Ihren schriftlichen Vorarbeiten abzuschreiten, um sicher zu gehen, dass es tatsächlich einen gibt (vgl. Kap. 3).

Interpretatorische Probleme: einige Beispiele

Wenn selbst nach einer gründlichen Lektüre philosophischer Texte Schwierigkeiten bestehen bleiben, sollten Sie sich freuen: Denn genau diese Schwierigkeiten sind als Problemgeneratoren bestens geeignet, wie die folgenden Beispiele zeigen.

Problemstellung: Wie ist Lockes Erklärung des Wissens zu verstehen?

Unser erstes Beispiel ist eine kurze Textpassage, in der sich Bertram Kienzle mit John Lockes Erkenntnistheorie auseinandersetzt:

> „Zu Beginn des IV. Buchs seines *Essay* erklärt Locke Wissen als die Wahrnehmung von Verknüpfung und Übereinstimmung bzw. von Nicht-Übereinstimmung und Widerstreit zwischen unseren Ideen (IV.i.2). Warum nimmt er in dieser Erklärung nicht auch auf Dinge Bezug? Warum sagt er nicht, Wissen sei die Wahrnehmung der Übereinstimmung bzw. Nicht-Übereinstimmung unserer Ideen mit den Dingen? Folgt aus seiner Erklärung nicht sofort, daß sich unser Wissen gar nicht auf die Dinge selbst bezieht, daß es also gar nicht objektiv ist?"[4]

Kienzle gibt zunächst zusammenfassend wieder, wie Locke Wissen erklärt. Diese Erklärung findet er irritierend und die Irritation wird zum Problemgenerator. Statt Lockes Erklärung einfach hinzunehmen, stellt Kienzle Rückfragen. Mit der ersten Rückfrage („Warum nimmt er in dieser Erklärung nicht auch auf Dinge Bezug?") wird zugleich ein alternativer systematischer Weg vorgezeichnet. Mit der zweiten Rückfrage („Folgt aus seiner Erklärung nicht sofort, daß [...] unser Wissen [...] gar nicht objektiv ist?") wird zugleich ein möglicher Einwand gegen Lockes Erklärung erhoben. Indem der Autor solche Rückfragen stellt, schlüpft er in die Rolle eines Gegenübers auf Augenhöhe, das Lockes Ausführungen zwar mit großem Interesse zur Kenntnis nimmt, aber auch kritisch prüft.

---

4 Kienzle (2008), S. 90.

Wer als Autor derartige Fragen aufwirft, muss sich natürlich auch um eine Antwort bemühen. Problemorientiertes Arbeiten besteht nicht darin, solche Fragen wie in unserem Beispieltext aus seinem Köcher zu holen, gegen den Text abzuschießen und sich danach zurückzulehnen. Kienzle hält auch nicht seine eigene Erkenntnistheorie gegen diejenige Lockes, sondern er konfrontiert Lockes Theorie mit einigen sehr grundsätzlichen, sehr voraussetzungsarmen Überlegungen, von denen er annimmt, dass Locke sie teilen würde. Da Locke selbst nicht mehr auf unsere Fragen antworten kann, muss man als Interpret für ihn antworten. Man nennt das zugrundeliegende Prinzip das „Prinzip des hermeneutischen Wohlwollens“: Wir gehen bei der Lektüre fremder Texte grundsätzlich erst einmal davon aus, dass der Autor sich etwas Sinnvolles dabei gedacht hat, auch wenn wir zunächst über seine Formulierungen stolpern.

Prinzip des hermeneutischen Wohlwollens

Gerade in den allerersten Semestern lautet der Auftrag, den Sie in einer Seminararbeit erfüllen sollen, oft lediglich: Stellen Sie die Theorie von Philosoph P (in Text T) in Ihren Worten dar! Der oben zitierte Passus zeigt, dass auch eine solche *Darstellung* problemorientiert angelegt werden kann. (Nur dann ist sie eine echt philosophische Darstellung.) Wenn der Auftrag lautet, eine Theorie darzustellen, dann sollen Sie nicht den Text nacherzählen, sondern seinen Inhalt erläuternd wiedergeben, so dass er sich dem Leser, der über die gleichen Stellen stolpert wie Sie, erschließt.

Mehrdeutigkeit als Problemgenerator

Wenn man einen Text nicht versteht, dann liegt dies manchmal auch daran, dass die Aussagen darin mehrdeutig sind. In philosophischen Texten sind Mehrdeutigkeiten ein Problem, und sie sind es umso mehr, wenn von ihrer Auflösung abhängt, welche philosophische Position der Autor eigentlich vertritt.

Hier ein typisches Beispiel für ein solches Auslegungsproblem und seine Bearbeitung: Hutcheson kündigt in der Einleitung zu seiner *Inquiry Concerning Moral Good and Evil* einen Beweis dafür an, dass „einige Handlungen [...] für Menschen etwas unmittelbar Gutes [haben]. Oder: durch einen höheren Sinn, den ich den Moralsinn nenne, nehmen wir bei der Betrachtung solcher Handlungen anderer Vergnügen wahr und werden bestimmt, den Handelnden zu lieben [...] ohne Bick auf weitere natürliche Vorteile aus ihnen."[5] Nicht nur hier, sondern auch an anderen Stellen changiert seine These zwischen zwei möglichen Bedeutungen: Einerseits scheint der Moralsinn (im englischen Original: Moral sense) ein Wahrnehmungsvermögen zu sein, mit dessen Hilfe man moralische Qualitäten erkennt; andererseits ist er die Fähigkeit, Vergnügen und Missvergnügen zu empfinden, also eher ein emotionales Vermögen.[6] Eine Seminararbeit könnte diese Mehrdeutigkeit zum Ausgangspunkt nehmen. Auch hier ist wieder an das Prinzip des hermeneutischen Wohlwollens zu erinnern: Bei Ihrem Lösungsversuch sollten Sie zunächst davon ausgehen, dass der Autor des Textes eine eindeutige Position vertritt, die vielleicht nur sprachlich nicht so klar dargestellt wird, wie man es sich wünschen würde.

Problemstellung: Was versteht Hutcheson unter dem „Moral sense"?

Unklarheiten in der Argumentation als Problemgenerator

Wir erwarten von einem philosophischen Text, dass er für sein Anliegen transparent argumentiert. Manchmal werden diese Erwartungen aber nicht – oder jedenfalls nicht auf den ersten Blick – erfüllt. Der Autor behauptet, dass er etwas Bestimmtes beweisen will, aber man zweifelt, ob der Beweis auch wirklich funktioniert.

Hierfür zunächst ein Beispiel aus einer Seminararbeit. In Humes *Enquiry Concerning the Principle of Morals* steht zu lesen, dass Menschen zwar verständig sind und eine Anlage zum Mitgefühl haben, aber ebenso ausgeprägt eine Anlage zum Egoismus. Darum akzeptieren wir Hume zufolge Regierungen und Gerichte, die Sanktionen verhängen können: Wo es an Mitgefühl und Einsicht mangelt, sorgen sie für moralkonformes Verhalten. Eine Studentin hat sich gefragt, wie Regierungen die ihnen zugeschriebene Funktion in Humes Theorie überhaupt erfüllen können – denn auch die Regierungsmitglieder sind ja Menschen und, folgt man Hume, eben deswegen schwach und egoistisch. Wer oder was sorgt bei Regierungen und Gerichten dafür, dass sie moralkonform handeln? Die Fragestellung zeugt davon, dass die Studentin sich intensiv mit dem Text auseinandergesetzt hat. Der nächste Schritt bestand darin, nachzuforschen, ob Hume vielleicht in ir-

Problemstellung: Warum traut Hume einer Regierung die Durchsetzung der Moral zu?

---

5 Hutcheson (1986), S. 16; im Orginal Hutcheson (2008), S. 88.
6 Vgl. Hutcheson (2008), S. 88.

gendeinem anderen Text Ansatzpunkte geliefert hat, um das Problem zu lösen und die argumentative Lücke zu schließen.

Nicht jeder philosophische Text thematisiert explizit die eigene Argumentation. Man versteht als Leser zwar, dass für eine bestimmte These argumentiert werden soll, aber man versteht nicht, wie, und zweifelt an der Gültigkeit. Auch hierfür ein Beispiel: In seinem Dialog *Phaidon* lässt Platon den Sokrates vier Beweise für die Unsterblichkeit der Seele führen. Der erste dieser Beweise beginnt so:

> „Eine alte Rede gibt es nun freilich, deren wir erwähnt haben, daß, wie sie von hier dorthin gekommen sind, sie auch wieder hierher zurückkehren und wieder geboren werden aus den Toten. Und wenn sich dies so verhält, daß die Lebenden wieder geboren werden aus den Gestorbenen, so sind ja wohl unsere Seelen dort? Denn sie könnten nicht wieder geboren werden, wenn sie nicht wären. Und ein hinreichender Beweis wäre dies, daß es so ist, wenn wirklich offenbar würde, daß die Lebenden nirgend anders herkämen als von den Toten. Wenn dies aber nicht so ist, dann bedürften wir eines andern Grundes. – Gewiß, sagte Kebes. – Betrachte es nur nicht allein an Menschen, fuhr jener [Sokrates] fort, wenn du es eher innewerden willst, sondern auch an den Tieren insgesamt und den Pflanzen, und überhaupt an allem, was eine Entstehung hat, laß uns zusehen, ob etwa alles so entsteht, nirgend andersher, als jedes aus seinem Gegenteil, was nur ein solches hat, wie doch das Schöne von dem Häßlichen das Gegenteil ist und das Gerechte von dem Ungerechten, und ebenso tausend anderes sich verhält. [...] So wie wenn etwas größer wird, muß es doch notwendig aus irgend vorher kleiner Gewesenem hernach größer werden? – Ja. – [...] Dies also, sprach er, haben wir sicher genug, daß alle Dinge so entstehen, das Entgegengesetzte aus dem Entgegengesetzten. – Freilich. – Und wie? Gibt es nicht auch so etwas dabei, wie zwischen jeglichem Entgegengesetzten, was doch immer zwei sind, auch ein zwiefaches Werden von dem einen zu dem andern und von diesem wieder zu jenem zurück? Wie zwischen dem Größeren und Kleineren ist Wachstum und Abnahme, und so nennen wir auch das eine Wachsen, das andere Abnehmen? – Ja, sagte er. – [...] Wie nun, fuhr er fort, ist dem Leben auch etwas entgegengesetzt, wie dem Wachen das Schlafen? – Gewiß, sagte er. – Und was? – Das Totsein, sagte er. – Also entstehen diese auch aus einander, wenn sie entgegengesetzt sind, und es gibt zwischen ihnen zweien ein zwiefaches Werden? – Wie sollte es nicht?"[7]

Problemstellung: Welche Struktur hat der Beweisgang in Platons *Phaidon*?

---

7   Platon, Phaidon, 70c4-71c; zitiert nach Schleiermacher (1958).

Vermutlich können auch Sie bei jedem einzelnen Schritt zustimmend nicken (so wie Kebes, der Dialogpartner). Doch ist nicht klar, was die Gesamtstrategie des Arguments ist – und ob es überhaupt gültig und sogar beweiskräftig ist. Der Argumentation mangelt es an Transparenz. Als Interpretin könnten Sie nun etwa die folgenden Fragen stellen: Wie ist das Argument in die Gesamtargumentation eingebettet? Was ist eingangs mit der „alten Rede" gemeint? In welchem Zusammenhang steht der Verweis auf die „alte Rede" zum nächsten Schritt? Welchen Status haben die einzelnen Aussagen, wie stützen sie einander? Alle diese Fragen lassen sich der übergreifenden Frage zuordnen: Was soll hier genau bewiesen werden, und wie, wenn überhaupt, funktioniert der Beweisgang?

Wir sehen hier erneut, wie wichtig argumentationstheoretische Grundkenntnisse für das Verfassen von Hausarbeiten sind: Schon um ein Argument transparent machen zu können, muss man beispielsweise imstande sein, Voraussetzungen von Schlussfolgerungen zu unterscheiden und idealerweise auch bestimmte Argumentformen benennen können; um es dann auch prüfen zu können, muss man wissen, wann ein Schluss gültig ist (vgl. Kap. 2).

Vergleiche als Problemstellung?

Sehr beliebt bei Studenten ist es, zwei Positionen miteinander zu vergleichen. Dies ist vermutlich ein Erbe des schulischen Deutschunterrichts, aber auch in anderen Fachdisziplinen erfreut sich der Vergleich einer gewissen Beliebtheit. Für einen Vergleich spricht in den Augen mancher Studenten vielleicht auch der Umstand, dass sie damit Originalität und Eigenständigkeit beweisen können: Denn die Texte, die sie vergleichen, enthalten ja zumindest den Vergleich selbst noch nicht in sich. Man kann also im Vergleich über sie hinausgehen.

In der Philosophie sind Vergleiche jedoch nur sinnvoll, wenn sie problemorientiert sind: Der Vergleich zwischen Theorien ist nicht die *Fragestellung* einer Seminararbeit, sondern gehört zum Lösungsweg. Im Alltag ist uns dies völlig klar: Wenn wir Dinge vergleichen, dann deswegen, weil wir herausfinden wollen, welche von zwei oder mehr Alternativen wir wählen sollen. Welches Eis schmeckt besser, welcher Sessel ist bequemer, welcher Handytarif günstiger? Wenn man philosophische Positionen vergleicht, dann tut man das nicht unmittelbar aus einem praktischen Interesse heraus, sondern um herauszufinden, welche davon theoretisch tragfähiger ist. Systematische Fragen, zu deren Beantwortung Vergleiche beitragen, sind die folgenden: Welche Theorie, A oder B, erklärt einen bestimmten Sachverhalt besser? Was folgt aus Theorie A und was aus Theorie B im Blick auf einen bestimmten Sachverhalt – sind die Konsequenzen in beiden Fällen gleichermaßen plausibel? Falls Theorie A und Theorie B bestimmte Grundannahmen teilen, an welchem Punkt weichen Sie voneinander ab und aus welchen Gründen?

Solche Fragen stellen sich natürlich nur, wenn beide Theorien um ähnliche Probleme kreisen. Es ist wenig sinnvoll, eine ethische Theorie wie den Utilitarismus mit einer Theorie der formalen Logik zu vergleichen. Aber auch zwei ethische oder metaphysische Theorien können durchaus ganz unterschiedliche Fragestellungen behandeln und sind daher für einen Vergleich nicht geeignet. Vergleichsstudien setzen ein Tertium comparationis (das gemeinsame „Dritte" des Vergleichs) voraus, eine Eigenschaft, die grundsätzlich beide Positionen teilen, die man vergleichen will.

Daneben ist noch ein weiterer Punkt wichtig: Vergleiche zwischen einer Theorie A und einer Theorie B im Blick auf ihre Erklärungskraft und Plausibilität können nur zugunsten von A oder B entschieden werden. Sie können nicht das Ergebnis haben, dass C am plausibelsten wäre. Dies wäre so, als hätte der Vergleich zwischen dem Geschmack von Vanilleeis und Schokoladeneis das Ergebnis, dass Zitrone am besten schmeckt, obwohl Zitrone gar nicht in den Geschmacksvergleich einbezogen wurde.

Aus den genannten Gründen ist es besonders anspruchsvoll, eine gute Vergleichsarbeit zu schreiben: Um ein geeignetes Tertium comparationis zu finden, an dem der Vergleich sich aufhängt, muss man nicht nur eine, sondern zwei Theorien sehr gut kennen. Überdies ist es eine große Herausforderung, eine philosophische Vergleichsstudie gut zu strukturieren. Es ist ja noch kein Vergleich, wenn man zwei oder mehr Textabschnitte zusammenmontiert, die jeweils zu vergleichende Positionen darstellen.

Tertium
comparationis

Was bei Vergleichsarbeiten schiefgehen kann

Weil Vergleichsarbeiten so voraussetzungsreich sind, möchten wir Ihnen eher davon abraten. Daher werden wir Ihnen hier auch nur an zwei Beispielen zeigen, was dabei schieflaufen kann.

Das erste Beispiel ist ein Vergleich zwischen Platons und Lockes Seelentheorie, so jedenfalls wird das Seminararbeitsthema vom Autor selbst bezeichnet. Jede Konzeption wird zunächst separat in einem Kapitel vorgestellt, danach benennt der Autor ihre jeweiligen Schwachstellen. Im abschließenden Kapitel heißt es dann sinngemäß: Gezeigt wurde, dass beide Positionen Schwachstellen aufweisen. Keine von ihnen gebe eine endgültige Antwort auf die Frage, was die Seele ist, doch bieten sie, so der Autor, Ansatzpunkte für eine Verbesserung.

Was hier als Vergleich angekündigt wird, ist in Wahrheit gar keiner. Bei einem Vergleich hätte die Frage z.B. lauten müssen: Ist Platons oder Lockes Konzeption der Seele plausibler? Auf diese Frage kann man natürlich so etwas antworten wie: Beide Konzeptionen sind gleichermaßen unplausibel. Um diese Antwort zu begründen, genügt es aber nicht, auf die Schwachstellen hinzuweisen, man muss vielmehr zeigen, dass sie jeweils das gleiche Gewicht haben, dass sie, bildlich gesprochen, in beiden Fällen gleichermaßen tief ins Fleisch der jeweiligen Theorie schneiden. Das ist eine sehr anspruchsvolle Aufgabe. Der Autor gibt genau genommen eine ganz andere Antwort: Weder Platon noch Locke bieten lückenlose Theorien, so das Ergebnis seines vermeintlichen „Vergleichs". Weder-noch ist aber gar keine Antwort auf eine Vergleichsfrage. Für die Untersuchung der Wahrheit oder Plausibilität von Platons Theorie braucht man den Vergleich mit Lockes Theorie gar nicht vorzunehmen – und umgekehrt. (So wenig wie man, um festzustellen, ob man Vanille mag, wissen muss, ob man Schokolade mag.) Es wäre angesichts des begrenzten Umfangs von Seminararbeiten daher weitaus sinnvoller gewesen, sich auf eine der beiden Positionen zu beschränken, auf Platon *oder* Locke. Der Autor hätte dann seine inhaltliche Irritation zum Ausgangspunkt für eine genauere Analyse des Textes nehmen können.

Ein zweites Beispiel:

Eine Studentin will in ihrer Seminararbeit der Frage nachgehen, wie Sinneswahrnehmungen zur Erkenntnis beitragen. Hierzu will sie die Positionen von Aristoteles und Descartes miteinander vergleichen. Auf die Einleitung, in der sie dieses Vorhaben beschreibt, folgt ein Kapitel über Aristoteles' und ein weiteres über Descartes' Theorie der Sinneswahrnehmung. „Zusammenfassend", so schreibt die Autorin im darauf folgenden Abschluss-kapitel, sei festzustellen, dass Aristoteles und Descartes zwei ver-schiedene Ansätze vertreten. Beide seien zwar der Ansicht, dass die Sinne „benötigt" werden, ihre „Aufgabe" sei aber jeweils eine andere. Die Autorin stellt dann fest, dass die Annahmen beider Philosophen Maßgebliches im Blick auf die Gewinnung von Er-kenntnissen beitragen und sich ergänzen: „Wir benötigen die Sinne, um Informationen aufzunehmen, aber wir sollten auch so manches prüfen, bevor wir uns damit zufriedengeben, denn manche Informationen können auch falsch sein."

Die Autorin setzt bei einem altehrwürdigen philosophischen Problem an – für eine Seminararbeit ist es eher zu weit gefasst. Das scheint ihr bewusst gewesen zu sein, deswegen vergleicht sie zwei Texte der Tradition miteinander (und nicht auch noch alle anderen, die dazu geschrieben wurden). Warum es aber gerade diese Texte sein müssen, bleibt offen: Das Vorgehen gleicht dem eines Eiskonditors, der uns erklärt, dass er herausfinden möchte, was das weltbeste Eis ist, indem er ein Vanille- mit einem Scho-koladeneisrezept vergleicht. Man kann auf diese Weise aber nur herausfinden, welche von diesen beiden Sorten die bessere ist. Ebenso findet man die Wahrheit über die Sinneswahrnehmung nicht heraus, wenn man zwei beliebige Theorien auswählt und sie vergleicht. Auch hier liegt also ein Missverständnis darüber vor, was Vergleiche eigentlich sind und leisten können. Dieses Missverständnis reicht bis in die Zusammenfassung hinein. Die Autorin nennt als erstes Ergebnis ihres Vergleichs, dass die bei-den verglichenen Ansätze verschieden sind. Dies ist natürlich kein Ergebnis von Vergleichen, sondern eine Voraussetzung da-für, dass man überhaupt sinnvollerweise vergleichen kann. (Man vergleicht Dinge nicht mit sich selbst.) Die Autorin will außer-dem festhalten, dass beide Positionen etwas Wahres enthalten. Auch wenn sie es nicht wörtlich sagt: Die Arbeit steuert auf die Feststellung zu, dass eine Mischung aus Vanille und Schokolade, aus Aristoteles und Descartes das Beste wäre. Dies ist ein verbrei-tetes Ergebnis studentischer Hausarbeiten: Daraus, dass A und B gleichermaßen lückenhaft oder fehlerhaft sind, wird oft das Fazit gezogen, dass „ein Kompromiss" das Beste wäre, ohne diesen „Kompromiss" genauer darzustellen.[8] Aber wie oben bereits fest-gestellt wurde: Aus dem Vergleich von A und B kann sich nicht C

---

8 Kompromisse sind nicht per se besser als das, wozwischen sie vermitteln.

ergeben, auch nicht, wenn C eine Mischung oder ein Kompromiss aus A und B ist. Wenn man weder Vanille noch Schokolade für das leckerste Eis der Welt hält, dann folgt daraus nicht, dass die Mischung von beidem am leckersten wäre.

Nur eine Art von Vergleich findet sich relativ häufig in Fachaufsätzen; sie ist auch für Seminararbeiten uneingeschränkt zu empfehlen: der Vergleich zwischen der Erklärungskraft verschiedener Hypothesen. Wenn wir zwischen zwei möglichen Erklärungen abwägen, gehen wir oft so vor, dass wir sie daraufhin vergleichen, wie gut sie den fraglichen Sachverhalt erklären. (Dieser Sachverhalt kann auch eine Textstelle sein, die schwer verständlich ist.) Es handelt sich hier um einen methodischen Vergleich; der Vergleich ist also auch in diesen Fällen *nicht* das Problem oder das Thema der Arbeit. Die Darstellung des Vergleichs und seiner Ergebnisse gehört vielmehr zur Begründung der These, dass Erklärung A besser ist als Erklärung B.

Fazit

Nehmen Sie Ihre Irritationen unbedingt ernst, legen Sie den Finger in die Wunde jeder mehrdeutigen Stelle in einem Text, und gehen Sie nicht einfach darüber hinweg, wenn Ihnen die Struktur einer Überlegung unklar ist. Denn all dies sind gute Problemgeneratoren! Das Anstellen eines Vergleichs hingegen ist keine Problemstellung, sondern eine Methode, um herauszufinden, welche Theorie tragfähiger oder welche Erklärung besser als die jeweiligen Alternativen ist.

4.2 Gute philosophische Texte haben einen überzeugenden Aufbau

Für den Aufbau von Sachtexten gibt es einige wenige pauschale Empfehlungen, die für alle Fälle gelten, die aber, das ist die Kehrseite, auch so abstrakt sind, dass sie allenfalls ansatzweise helfen. Das bekannteste Schema ist das folgende:

1. Einleitung
2. Hauptteil
3. Schluss

In die Einleitung einer philosophischen Arbeit gehört die Problemexposition sowie die Vorstellung der These, d.h. der Lösung, die Sie vorschlagen, zunächst ganz knapp in Form von ein, zwei Aussagesätzen. Diese These ist zugleich die Konklusion in Ihrem Beweisgang. Außerdem können Sie noch knapp Ihr Vorgehen vorstellen. Der Hauptteil liefert die Begründung. Sie stellen die Voraussetzungen (Prämissen) dar, gehen nötigenfalls auf Einwände ein und sagen ggf. etwas über den Zusammenhang mit der These (in der Sprache der Logik: die Gültigkeit des Schlusses). Wenn die These in der Einleitung nur ganz knapp oder in einer vorläufigen Formulierung vorgestellt wurde, sollte sie hier noch einmal ausführlicher und in der endgültigen Formulierung dargestellt werden. Im Schlussteil werden die Ergebnisse rekapituliert.

Wir wollen den Aufbau nun Punkt für Punkt mit Ihnen durchgehen – unter anderem auch, damit Sie erkennen, wo Sie am ehesten davon abweichen können.

Die Einleitung: Exposition des Problems und Vorstellung der These

Am besten eröffnen Sie Ihre Seminararbeit damit, dass Sie Ihre Problemstellung möglichst präzise beschreiben (vgl. Kap. 4.1). Wenn Sie ein interpretatorisches Problem behandeln, dann könnten Sie z.B. die Passagen zitieren oder paraphrasieren, aus denen es sich ergibt, und daran anknüpfend die Schwierigkeiten beschreiben, die sich hieraus für das Verständnis ergeben. Wenn Sie eine systematische Frage behandeln wollen, dann sollten Sie sie an dieser Stelle genau eingrenzen. Zur präzisen Beschreibung Ihres Problems gehört auch, dass Sie deutlich machen, welche Fragen Sie *nicht* beantworten wollen. Die Problemexposition hat auch eine psychologische Funktion für Ihre Leser: Sie wecken dadurch das Interesse an Ihrer Arbeit!

Natürlich können Sie vor die Problemexposition noch einige allgemeine, einleitende Sätze schieben (vgl. FAQ 5.11). Substantiell ist aber die Problemexposition! Bei einer zwölfseitigen Hausarbeit spricht nichts dagegen, direkt mit dem Problem einzusteigen.

Die Einleitung: Vorstellung der These

Danach teilen Sie dem Leser mit, wovon Sie ihn überzeugen wollen, und welche Lösung Sie für die Problemstellung anbieten wollen, die Sie zuvor entwickelt haben. Im allgemeinsten Sinn ist das die These Ihrer Seminararbeit (im Folgenden kurz: TS).

Auch wenn wir uns hier vor allem mit Fragen des Aufbaus befassen wollen, möchten wir im Blick auf die These einige inhaltliche Bemerkungen vorausschicken. „Die These" – das klingt zunächst sehr anspruchsvoll. Wie jedoch schon oben im Kapitel über die Problemstellung deutlich wurde, müssen Sie nicht eine der großen Fragen der Philosophiegeschichte mit einer originellen und ebenso „großen" These beantworten (vgl. FAQ 5.5). Es genügt völlig, wenn Sie „nur" zeigen, dass eine bestimmte Argumentation auf einem problematischen Begriffsverständnis beruht oder eine leere Behauptung enthält oder dass mit Hilfe einer bestimmten Interpretation Widersprüche oder Unklarheiten aufgelöst werden können. Oder Sie wollen zeigen, dass einem Text eine bestimmte argumentative Struktur zugrunde liegt, die auf Anhieb nicht erkennbar ist.

Thesen
eingrenzen
In studentischen Arbeiten werden erfahrungsgemäß oft Thesen formuliert, die durch die spätere Argumentation gar nicht belegt werden. Wenn Sie mit Ihrer gesamten Argumentation fertig sind, sollten Sie daher unbedingt noch einmal prüfen, ob Sie die These nicht abschwächen müssen. (Auch der umgekehrte Fall, dass Sie nämlich eine viel stärkere These bewiesen haben, als Sie zu beweisen vorgeben, ist denkbar, kommt aber nur selten vor.)

TS wird, wenn Sie unsere Ratschläge beherzigen, eher *nicht* den folgenden Beispielen entsprechen (Ausnahmen sind möglich):

Beispiel

- „Es gibt kein objektives Wissen."
- „Menschen haben keinen angeborenen moralischen Sinn. Moral ist Erziehungssache."
- „Alle Menschen sind egoistisch, das gilt auch für Regierende. Sie haben nie den Nutzen der Allgemeinheit im Sinn."
- „Wenn es überhaupt so etwas wie eine Seele gibt, dann ist sie sterblich."

Eher entspricht eine gute Seminararbeitsthese den folgenden Beispielen:

- „Locke vertritt die Ansicht, dass wir etwas wissen, wenn unsere Ideen miteinander übereinstimmen, dass dieses Wissen aber dann objektiv ist, wenn es mit der Realität übereinstimmt."
- „Hutcheson versteht unter dem ‚moral sense' die Fähigkeit, seine eigenen Emotionen wahrzunehmen."
- „Hume zufolge sorgen Gewaltenteilung, repräsentative Demokratie und Gesetze zur Steuerung der Administration dafür, dass Regierungen (dem Egoismus ihrer Vertreter zum Trotz) für die Bevölkerung nützlich sind."
- „Platons Argument aus den Gegensätzen hat die folgende Struktur: ..."

Zugegeben: Der erste Thesenkatalog ist viel knackiger, bietet er doch direkte Antworten auf philosophische Fragen, die Sie vielleicht auch persönlich sehr beschäftigen. Um diese Thesen zu beweisen, muss man allerdings einen beträchtlichen Aufwand betreiben, der in einer Seminararbeit meist schon aus Platz- und Zeitgründen nicht zu leisten ist. Für eine zu allgemeine These gilt also dasselbe wie für ein zu weit gefasstes Problem. Ein Beispiel:

Angenommen, Sie haben ein Locke-Seminar besucht und möchten nun in einer Hausarbeit zeigen, dass es (anders als Locke annimmt) kein objektives Wissen gibt. Sie können nun Lockes Argumente erläutern und zu widerlegen versuchen. Doch damit haben Sie Ihre These nicht begründet – denn Sie müssen ja zeigen, dass es *schlechthin* kein objektives Wissen gibt und nicht nur, dass Lockes Argumente nicht zugkräftig sind. Es gibt noch weitere Argumente, die von anderen Philosophen vorgebracht wurden. Auch diese Argumente müssten Sie prüfen. Im Umfang einer Seminararbeit ist das kaum zu leisten.

Anders die Thesen der zweiten Liste: Man erkennt zwar auf den ersten Blick, dass mit ihrer Prüfung allenfalls ein kleines Teilchen zu einem philosophischen Riesenpuzzle hinzugefügt wird. Kleine Teile lassen sich aber nun mal besser handhaben als das Puzzle als Ganzes. Da der philosophische Diskurs, anders als politische Debatten, keinem Entscheidungsdruck unterliegt, kann und sollte man bei der Prüfung so gemächlich und klein-schrittig vorgehen, wie es der Sache nach angemessen ist: Lieber ein äußerst begrenztes, aber gut gesichertes Ergebnis als eine raumgreifende These, die mit großer Geste in den Raum ge-stellt, aber nur oberflächlich geprüft wird.

Die These gegen verwandte The-sen abgrenzen

Um dem Leser TS deutlich zu machen, genügt selten ein ein-ziger Satz. Wenn die These, die Sie vertreten wollen, z.B. eng ver-wandt ist mit anderen Thesen, dann sollten Sie sie entsprechend eingrenzen. Zur Darstellung von TS gehört also auch, dass Sie sagen, was Sie *nicht* zeigen wollen. Sie werden also beispielswei-se sagen: „Ich möchte hier These TS vertreten. TS wird oft mit einer anderen These TS' in einem engen Zusammenhang gese-hen. Ob aber TS' zutrifft, möchte ich in meiner Darlegung offen lassen." Oder, falls Sie eine interpretatorische Arbeit schreiben: „Ich möchte zeigen, dass Philosoph P die These T vertritt. T wird oft in einem engen Zusammenhang gesehen mit T'. Ob P auch T' vertritt, möchte ich offen lassen."

Mehrere Thesen

Darf man nur eine These vertreten? Kann man nicht auch mehrere vertreten? Auch das ist selbstverständlich möglich. Mehrere Thesen zu vertreten, ist allerdings nur sinnvoll, wenn sie inhaltlich eng zusammenhängen. Wenn dies nicht der Fall ist, sollten Sie eher zwei Texte schreiben.

Warum die These am Anfang?

Eine wichtige Frage ist noch offen: Warum soll die These (je-denfalls im Regelfall) am Anfang der Seminararbeit genannt werden? Warum nicht erst am Ende oder in der Mitte? Das, was wir hier als die These bezeichnen, ist aus logischer Sicht nichts anderes als die Konklusion Ihrer Argumentation. Rein logisch betrachtet ist die Abfolge tatsächlich egal: Sie kann im Prinzip ausgewürfelt werden. Die Gründe dafür, die These an den Anfang zu stellen, sind rhetorischer Art. Beim Lesen frem-der Texte werden Sie selbst schon bemerkt haben, dass es Ihnen hilft, wenn Sie gleich zu Anfang erfahren, worauf die Autorin hinaus will: Sie können dann dem Argumentationsgang bes-ser folgen und zugleich prüfen, ob das Argument zielführend ist. Die Darlegung gewinnt an Transparenz und damit an Ver-ständlichkeit. Dieser Vorteil kommt natürlich auch der Autorin selbst zu Gute: Die These ist so etwas wie ein Leuchtturm, an dem man sich beim Manövrieren durch das Thema orientieren kann.

Der Hauptteil: Begründung

Das eigentliche Herzstück einer philosophischen Seminararbeit ist die Begründung. Für die Begründung müssen Sie natürlich zunächst einmal gute Argumente finden, die Ihre These stützen. Sie sind dabei aber nicht auf sich gestellt: Seminararbeiten gehen schließlich aus Seminaren hervor – dies entspricht ihrer traditionellen Konzeption (vgl. Kap. 3). Im Seminar und durch die begleitende Lektüre lernen Sie die in bestimmten Debatten einschlägigen Argumente und mögliche Einwände kennen. Notizen, die Sie im Seminar oder auch nach einer Sitzung anfertigen, sind eine sinnvolle Vorbereitung auf die Seminararbeit. Wenn Sie Ihren Beweisgang zu planen beginnen, haben Sie damit schon einen Fundus an Argumenten beisammen, aus dem Sie sich bedienen können. Sie wissen aber natürlich noch nicht genau, was davon Sie wirklich für Ihre Arbeit brauchen und in welcher Reihenfolge Sie alles anordnen sollen.

Möglicherweise ist Ihnen ein Grundsatz aus dem Design geläufig, der lautet: Form follows function. (Die Form sollte sich nach der Funktion richten.) Etwas Ähnliches gilt für Texte. Ein überzeugungskräftiger Text verstellt den Blick des Lesers nicht durch Überflüssiges, er lässt aber auch keine Lücken.

Form follows function

Das heißt zum einen, dass Sie keine Überlegungen in Ihre Texte einfließen lassen sollten, die inhaltlich nichts mit der Argumentation zu tun haben. Auf die *Beweiskraft* einer Argumentation haben solche Exkurse zwar keinen Einfluss, aber sie lenken die Leser ab. Studienanfänger machen diesen Fehler relativ häufig. Hierzu gehören z.B. Exkurse zum Leben oder Angaben zu biographischen Daten eines Philosophen, mit dessen Text man sich befasst, sofern sie zum Verständnis desselben nichts beitragen sowie Überlegungen, mit deren Hilfe man sich als Autor über das Thema klarzuwerden hoffte, die man aber im Zuge der Arbeit wieder verworfen hat, oder auch persönliche Assoziationen oder Meinungsbekundungen, die nicht weiter begründet werden.

Überflüssiges streichen

Der zweite, weniger problematische Fehler besteht darin, Selbstverständliches zu formulieren. (Diesen Fehler machen Studienanfänger eher selten, doch der Vollständigkeit halber möchten wir ihn erwähnen.) Beweiskräftige Argumente enthalten sehr oft auch triviale Prämissen, ein Beispiel wäre: „Alle Menschen sind sterblich." In philosophischen Texten, sofern sie nicht gerade zur Logik gehören, werden solche Prämissen häufig unterschlagen, das heißt, dass die Argumentationen – genau genommen – oft unvollständig ausformuliert sind. (Man nennt solche Argumente Enthymeme.) Der Grund dafür liegt darin, dass der Text nicht mit Trivialitäten überfrachtet und der Leser dadurch ermüdet und aufgehalten werden soll.

Während überflüssige Teile nur geeignet sind, den Leser zu verwirren und abzulenken, stellen Lücken eine echte Bedrohung für die Beweiskraft Ihrer Argumentation dar. Alle nicht trivialen, für die Leser nicht selbstverständlichen Prämissen müssen genannt werden. Eine Schwierigkeit für Studienanfänger besteht darin, dass sie nicht wissen, welche Prämissen für philosophisch gebildete Leser selbstverständlich sind. Es kommt in studentischen Hausarbeiten daher relativ häufig vor, dass ohne weitere Begründung eine wichtige Voraussetzung für die eigene Argumentation nur beiläufig erwähnt wird, die zwar in bestimmten sozialen Gruppen anerkannt, unter Philosophen jedoch umstritten ist. (Ein Beispiel, das wir oben schon einmal angeführt hatten, ist: „Es gibt keine objektive Wahrheit.") Möglicherweise haben Sie Gründe dafür, diese Prämisse für wahr zu halten; wenn Sie diese Gründe dem Leser aber nicht nennen, werden Sie ihn mit Ihrem Text auch nicht überzeugen können.

Idealerweise prüfen Sie Ihre Argumente auf Vollständigkeit und Notwendigkeit, bevor Sie den eigentlichen Text verfassen, aber oft lassen sich Streichungen (von Überflüssigem) oder Ergänzungen (von Notwendigem) auch noch vornehmen, wenn der Text schon weitgehend steht. Änderungen in der Anordnung der Argumente, also im eigentlichen Aufbau der Begründung, sind demgegenüber meist viel aufwändiger.

So wenig die Logik uns Verpflichtungen auferlegt, was die Stellung der These angeht, so wenig legt sie uns auf eine bestimmte Abfolge bei der Darstellung der Voraussetzungen fest, aus denen die These folgt. Wie man einen Beweisgang aufbaut, ist eine rein rhetorische Frage. In der Schule haben Sie vielleicht gelernt, dass Argumente nach „Stärke" oder „Schwäche" geordnet werden können. Einen Text, der so verfährt, nennt man *steigernde Erörterung*. Die eindrücklichsten Argumente werden hier am Ende genannt, damit sie den Lesern in Erinnerung bleiben und diese ihre Lektüre in der gewünschten emotionalen Stimmung beenden. Nach dem so genannten *Sanduhr-Modell* wird zunächst die Gegenposition „widerlegt", wobei die Gegenargumente vom „stärksten" zum „schwächsten" angeordnet sind. Anschließend wird die eigene Position vorgebracht, wobei man mit dem „schwächsten" Argument beginnt und abschlie-

Lücken vermeiden

Der Aufbau der Begründung ist logisch nicht vorgegeben

Steigernde Erörterung

Sanduhr-Modell

ßend mit dem „stärksten" (also dem, das am meisten Eindruck hinterlässt) auftrumpft.[9]

Diese Modelle verfahren in einer Weise mit Argumenten, die im philosophischen Diskurs unerwünscht ist. Zum einen verführen sie dazu, Argumente einfach nur aufzulisten. Philosophen aber wollen sie prüfen (und widerlegen, sofern sie sie nicht plausibel finden). Zum anderen lässt sich aus den Modellen nicht erschließen, was genau ein „starkes" Argument sein soll. Es ist zu befürchten, dass viele dabei an ein Argument denken, das bei den Lesern am meisten Eindruck macht, unabhängig davon, ob es beweiskräftig ist. Die allermeisten Philosophen aber wollen rationale Überzeugungen durch beweiskräftige Argumente erwirken. Offen bleibt meist auch, was genau eine „entgegengesetzte Position" sein soll: Handelt es sich dabei einfach um die *Negation* der eigenen Position oder um eine Alternative? Vor allem aber sind beide Modelle viel zu simpel: Es gibt nicht nur *ein* rhetorisches Organisationsprinzip (das der Stärke), sondern mehrere, die miteinander in ein und demselben Text kombiniert werden können und sollten.

Einwände gegen die Modelle

Am leichtesten machen Sie sich die Arbeit, wenn Sie Ihre Argumente zunächst *sortieren*. Das geschieht sinnvollerweise in Gestalt von Notizen (vgl. Kap. 3). Das Sortieren hilft Ihnen unter Umständen auch, weitere, verwandte Argumente zu finden. Mögliche Gesichtspunkte hierbei sind die folgenden (natürlich passt nicht jeder davon in jedem Fall):

Argumente sortieren

1. Unter logischen Gesichtspunkten sortieren:
Vielleicht gibt es für Ihr Begründungsziel zum einen so etwas wie direkte Argumente, zum anderen aber auch Einwände und drittens Gegeneinwände, die Sie dagegen auffahren können. Überlegen Sie sich zunächst genau, welche Ihrer Überlegungen welchen logischen Status haben!

2. Unter inhaltlichen Gesichtspunkten sortieren:
Prämissen können in inhaltlichen Beziehungen zueinander stehen: Vielleicht lässt sich eine als inhaltliche Erweiterung oder Verengung oder Variation oder Steigerung einer anderen darstellen. (Verlassen Sie sich dabei nicht auf Ihre Assoziationen, son-

---

9 Vgl. auch Beisbart (2002) und Pfister (2014: S. 38).

dern überprüfen Sie, ob tatsächlich ein inhaltlicher Zusammenhang vorliegt.)

3. Unter methodischen Gesichtspunkten sortieren:
Die Teile Ihrer Begründung können auf verschiedenen methodischen Ebenen liegen: Vielleicht soll sie eine Begriffsanalyse enthalten, aber auch die logische Analyse eines Schlusses, vielleicht
müssen Sie auch auf empirische Aussagen zurückgreifen.

4. Nach Beweiskraft sortieren
Es gibt in Ihrem Beweis vielleicht eine empirische Prämisse, die
nur dürftig gesichert ist. Oder ein Einwand in Ihrer Widerlegung
ließe sich leicht ausräumen, indem man die Theorie, gegen die
er vorgebracht wird, nur geringfügig nachbessert. Oder Sie haben Beispiele gefunden, die vielleicht nicht jeden Leser überzeugen. Solche Beweisteile verdienen auch aus logischer Sicht das
Attribut „schwach". Sie können Ihre Argumente nach der Stärke
ihrer Beweiskraft sortieren. (Für die schwachen Argumente
müssen Sie dann vielleicht noch weitere Argumente finden, die
Sie stützen.)

Die verschiedenen Sortierprinzipien schließen sich nicht gegenseitig aus. Meist kann man seine Argumente in unterschiedli-
cher Weise sortieren. Das Sortieren hilft Ihnen, sich über das
Material Klarheit zu verschaffen, und es ist auch eine gute
Grundlage für die Zusammenfassung von Begründungsteilen in
verschiedene Unterabschnitte des Hauptteils. Es legt Sie aber
noch nicht auf eine bestimmte Abfolge dieser Abschnitte fest.
Auch diese Festlegung müssen Sie als Autor treffen: Denn Ihr
Text ist linear, die Abschnitte werden vom Leser nacheinander
gelesen. Sie müssen also überlegen, was Sie im Rahmen Ihrer
Begründung zuerst und was Sie zuletzt darstellen wollen.
      Auch hierfür gibt es gute Modelle. Wir möchten Ihnen nun
einige davon vorstellen: ein Modell für eine Widerlegung, eines
für einen positiven Beweis und zwei für Interpretationen. Bitte beachten Sie, dass sich eine Widerlegung logisch nicht von
einem positiven Beweis unterscheidet. (Wenn Sie A widerlegt
haben, haben Sie damit *bewiesen*, dass A nicht richtig ist.) Rhetorisch gesehen ist es aber ein Unterschied, ob Sie Ihren Leser von
einer bestimmten Position abbringen wollen, oder ob Sie ihm
eine bestimmte Überzeugung nahebringen wollen.

Bauplan für eine Widerlegung

Angenommen, Sie wollen zeigen, dass eine bestimmte fremde Argumentation nicht beweiskräftig ist.[10] Dies ist also TS, Ihre These. Und angenommen, Ihre Vorbehalte richten sich sowohl gegen die Prämissen als auch gegen die formale Gültigkeit des Beweises. Einige Prämissen sind in Ihren Augen vielleicht weniger problematisch als andere, einige finden Sie vielleicht nur ungenau formuliert, andere halten Sie für widersprüchlich, wieder andere basieren auf empirischen Annahmen, die Sie für unbegründet halten. In diesem Fall können Sie Ihren Text im Hauptteil (also nach der Darlegung der Problemstellung und der These) wie folgt organisieren:

---

1. Kritik der Prämissen
    1.1 Kritik der ersten Prämisse
        1.1.1 Aufzeigen sprachlicher Mängel (z.B. Kritik an unklaren Formulierungen), falls vorhanden, und Berücksichtigung möglicher Zugeständnisse
        1.1.2 Aufzeigen begrifflicher und logischer Mängel (z.B. Aufzeigen von Widersprüchen) falls vorhanden, und Berücksichtigung möglicher Zugeständnisse
        1.1.3 Aufzeigen sachlicher Mängel (z.B. bei empirischen Prämissen konkurrierende wissenschaftliche Befunde), falls vorhanden
    1.2 bis 1.n Kritik der zweiten, dritten, vierten (usw.) Prämisse
        1.2.1 Unterpunkte: siehe oben
2. Kritik an der Schlussform

Grundlegend für die Einteilung der Abschnitte ist die Unterscheidung zwischen inhaltlicher Kritik an den Prämissen und formaler Kritik an der Schlussform. Dass *zuerst* die Prämissen

---

10 Die hier vorgeschlagenen Baupläne schließen direkt an die Modelle, die Rosenberg vorschlägt, an, gehen aber mehr ins Detail. Rosenberg stellt beispielsweise fest, dass der prüfende Essay im Anschluss an die Vorstellung der zu prüfenden These die (fremde) Argumentation inhaltlich und formal prüft. Wir schlagen Ihnen hier einen genaueren Bauplan für diesen prüfenden Teil vor.

und *dann erst* die Schlussform kritisiert werden, ist sinnvoll, weil
die Konklusion in einem inhaltlichen Zusammenhang mit den
Prämissen steht. Es ist für Ihre Leser leichter nachzuvollziehen,
dass ein Schluss ungültig ist, wenn man die Prämissen schon
kennt – die Behauptung der Ungültigkeit hängt sonst gewissermaßen in der Luft. Bei der Darstellung der verschiedenen Mängel ist es sinnvoll, mit jenen zu beginnen, die sich vielleicht
leicht beheben lassen und vielleicht sogar Vorschläge zu machen, wie man sie anders und besser formulieren kann. Man
stärkt damit zunächst die Prämissen. Zuletzt zeigt man dann,
dass sie auch in einer verbesserten Formulierung nicht wahr
sind.

Bei der Beschäftigung mit der philosophischen Tradition werden Sie selten auf Argumente stoßen, die tatsächlich alle genannten Arten von Mängeln haben. Der angeführte Bauplan ist
daher nicht so zu verstehen, dass jeder Unterpunkt tatsächlich
ausgefüllt werden soll oder kann, wenn Sie eine fremde Theorie
widerlegen wollen.

Bauplan für einen systematischen Beweis

Wenn Philosophen für eine eigene systematische These argumentieren wollen, folgen sie meist der klassischen Schulrheto-
rik: Sie nennen zuerst die These, beweisen sie dann und widerlegen im dritten Schritt ggf. die Einwände der Gegner. Entgegen
dem Sanduhr-Modell beginnen sie also *nicht* mit einer Darstellung und Begründung einer irgendwie gearteten entgegenge-
setzten These. Vielmehr wird die Leserin zunächst von der
Wahrheit oder zumindest von der Plausibilität der These überzeugt. Wenn Sie die Einwände (aus welchen Gründen auch immer) vorziehen, hängen diese gewissermaßen in der Luft, weil
man als Leser noch gar nicht weiß, worauf sie sich beziehen. Die
Prämissen auf die These folgen zu lassen, entspricht im Übrigen
auch unseren Erwartungen im Diskurs: Wenn jemand eine philosophische These aufstellt, würden wir natürlicherweise zunächst fragen, wie er darauf kommt – und nicht, was in seinen
Augen dagegen spricht.

Die Entkräftung der Einwände ist der zweite und (wenn man
so will) negative Teil der Begründung. Da Sie in Ihrem Text auf
mögliche Einwände Ihrer Leser eingehen sollten, ist es ausgesprochen hilfreich, wenn Sie Ihren Text Kommilitonen zum Ge-

genlesen geben: Mit den Einwänden, die sie erheben, können Sie weiterarbeiten.

Der Bauplan Ihres Hauptteils kann also wie folgt aussehen:

---

1. Darstellung und ggf. Begründung der Prämissen
    1.1 Erste Sorte von Prämissen (z.B. empirische Prämissen)
    1.2 Zweite Sorte von Prämissen (z.B. begriffliche Prämissen) – usw. für weitere Arten von Prämissen
2. Behandlung von Einwänden gegen die Prämissen
    2.1 Widerlegung von Einwänden gegen die erste Sorte von Prämissen
    2.2 Widerlegung von Einwänden gegen die zweite Sorte von Prämissen – usw. für weitere Einwände
3. Behandlung von Einwänden gegen die Schlussform

Baupläne für Interpretationen

Im Falle von Interpretationen, in denen ein Textabschnitt insgesamt erläutert werden soll, kann die Abfolge im Ausgangstext das Organisationsprinzip für Ihren Text liefern. Auch der Ausgangstext ist ja in sich geordnet, und oft ist diese Ordnung gut begründet. Es liegt daher nahe, ihr bei der eigenen interpretatorischen Arbeit zu folgen.[11] Genau deswegen liegt bei interpretierenden Seminararbeiten die größte Herausforderung darin, nicht nur am Ausgangstext „entlang zu erzählen". Man kann sie dann bestehen, wenn man sich über die Problemstellung im Klaren ist, die, ganz allgemein gesprochen, stets darin besteht, dass etwas an dem zu interpretierenden Text unverständlich ist. Der grobe Bauplan einer solchen erläuternden Interpretation ist zunächst sehr einfach:

---

1. Erläuterung der (ersten, zweiten, dritten ...) Prämisse im interpretierten Text
2. Erläuterung der Schlussform im interpretierten Text

---

11 Das empfiehlt sich natürlich nur, wenn der zu interpretierende Text eine sinnvolle Ordnung hat.

Anders als beim Bauplan einer Widerlegung besteht das vorrangige Ziel hier darin, eine fremde Argumentation für den Leser verständlich zu machen. Philosophen, wir sagten es oben, haben aber auch ein systematisches Interesse an den Texten der Tradition. Viele Interpreten erläutern nicht nur, was im fremden Text steht, sondern sie prüfen es auch. Daher folgt auf die Erläuterung der Prämissen bzw. der Schlussform jeweils oft eine systematische Reflexion, in der es um ihre Plausibilität bzw. Gültigkeit geht.

Manchmal will man in einer interpretierenden Hausarbeit zwischen zwei oder mehr Interpretationen abwägen. Man hat es in diesem Fall mit unterschiedlichen Hypothesen zu tun: Man *könnte* den Text so oder so interpretieren. Als Interpret versucht man herauszufinden, welche dieser Interpretationshypothesen die *beste Erklärung* für den Text oder einzelne Textstellen liefert.[12] Dies ist dann die eigene These, die Interpretation, die man als Autor vertritt.

Wenn verschiedene Interpretationen möglich sind, dann reicht es nicht, wenn Sie im Begründungsteil einfach die eigene Interpretation sozusagen auf geradem Weg präsentieren. Denn die Leserin wird sich dann weiterhin fragen, ob man den Text nicht genauso gut anders auslegen könnte, und wird sich nicht überzeugen lassen. Die Erörterung der Alternativen und der Nachweis, dass sie bestimmte Mängel aufweisen, ist ein wesentlicher Bestandteil der Begründung, auf den man nicht verzichten kann.

Beim Bauplan einer solchen abwägenden Interpretation ist es tatsächlich sinnvoll, mit der unplausiblen Interpretationshypothese und damit mit der letztlich zu widerlegenden gegnerischen Position zu beginnen. Hier macht also das Sanduhrmodell Sinn. Mit dem „Wegräumen" der letztlich verworfenen Interpretationshypothesen steigt beim Leser die Bereitschaft, sich auf Ihre Interpretation einzulassen; er wird nicht mehr durch Zweifel abgelenkt. Sie können also wie folgt vorgehen:

---

12 Schlüsse auf die beste Erklärung kommen in den empirischen Wissenschaften regelmäßig vor, wenn ein bestimmtes Phänomen oder ein Sachverhalt erklärt werden soll und es verschiedene mögliche Theorien gibt, die sich dafür anbieten. Diese werden dann im Hinblick auf ihre Erklärungskraft verglichen. Die Theorie, aus der sich die die meisten Eigenschaften des fraglichen Sachverhalts ableiten lassen, hat die beste Erklärungskraft und wird deswegen als gültig akzeptiert. Beim Interpretieren von Texten gehen wir ganz ähnlich vor; vgl. dazu Scholz (2015).

1. Behandlung der Interpretationshypothesen, die Sie verwerfen
   1.1 Vorstellung der ersten Interpretationshypothese, die Sie verwerfen (und die sehr weit entfernt von Ihrer eigenen Interpretation liegt)
       1.1.1 Vorzüge: Welche Textstellen und Zusammenhänge kann sie gut erklären?
       1.1.2 Mängel: Zu welchen Textstellen passt sie gar nicht? Welche Widersprüche ergeben sich daraus?
   1.2 (Gegebenenfalls:) Vorstellung der zweiten Interpretationshypothese, die Sie verwerfen (die aber etwas weniger weit von Ihrer eigenen Interpretation entfernt liegt)
       → 1.2.1 und 1.2.2 wie oben.
2. Behandlung der Interpretationshypothese, die Sie vertreten wollen (Ihre These zur Interpretation)
   2.1 Ihre Vorzüge
   2.2 Mögliche Einwände gegen die Hypothese und deren Erledigung.

Wie gesagt: Auch diese Muster-Baupläne sind sehr schematisch. Es gibt viele mögliche, zulässige und sinnvolle Varianten. (Unten stellen wir noch ein Beispiel vor.) Für Ihren Leser ist es übrigens ausgesprochen hilfreich, wenn Sie die Anordnung, die Sie vornehmen, als solche thematisieren und ankündigen, z.B. so: „Ich werde zunächst die Prämissen untersuchen und dann auf die Gültigkeit des Arguments eingehen." Solche Ankündigungen gehören zur Leserführung, die wir im nächsten Abschnitt genauer thematisieren wollen (vgl. Kap. 4.3).

Erneute Darstellung der These

Möglicherweise haben Sie die These in der Einleitung nur in einer allgemeinen oder vorläufigen Form formuliert, weil der Leser die eigentlich angemessene und präzisere Formulierung zu Beginn der Untersuchung hätte missverstehen können oder weil man, um das zu vermeiden, schon sehr viel hätte erklären müssen. Erst am Ende des Hauptteils, im Licht der Begründung und aller zugehörigen Erläuterungen, kann man die These anders und besser formulieren, ohne den Leser zu irritieren. Möglicherweise haben Sie sogar in der Einleitung gar keine These aufgestellt, sondern erklärt, dass Sie eine bestimmte Hypothese prüfen wollen, von der Sie nun, nach der Begründung, sicher sagen können, dass sie richtig ist. Wenn die These inhaltlich genauer gefasst werden kann oder wenn ihr Status sich ändert, dann sollten Sie die These im Hauptteil des Textes noch einmal explizit thematisieren. Wenn Sie natürlich einfach eine andere These bewiesen haben, als Sie in der Einleitung angekündigt haben, dann sollten Sie die Einleitung selbst überarbeiten (vgl. FAQ 5.3).

Beispiel für den Aufbau eines systematischen Textes

Zum Abschluss möchten wir Ihnen noch ein Beispiel vorstellen, dem ein ganz individueller Bauplan zugrunde liegt, der das Schema variiert, und Sie damit ermuntern soll, sich selbst einen sinnvollen Aufbau zu überlegen.

Sauls Aufsatz, den wir bereits in 4.1 erwähnt haben, hat den folgenden, rhetorisch interessanten Aufbau:

Beispiel

1. Frage, die untersucht werden soll: Ist bewusste Irreführung besser als Lügen – wie die meisten Autoren es behaupten?
Einige Vertreter, die diese Frage bejahen, werden vorgestellt, darunter auch philosophische Berühmtheiten.
2. Erste und schwache These: Zumindest *manchmal* sind bewusste Irreführung und Lügen gleich schlimm.
Beweis: Beispiel für einen Fall, in dem Irreführung genauso schlimm ist wie die Lüge (zu Beispielen vgl. Kap. 4.4). – *Hinweis: Damit ist noch nicht bewiesen, dass die Irreführung nicht doch meistens besser ist als Lüge.*
3. Darstellung und Kritik der Argumente, die *bisher* für die These vorgebracht wurden, Irreführung sei *meistens* besser als Lügen.
Beweis: Die kritisierten Argumente werden dargestellt und kritisiert. (Das letzte Argument ist aus Sauls Sicht das beste.)
4. Formulierung der eigenen, stärkeren These (und Bestimmung der Ausnahmen): *Meistens* sind Lügen und bewusste Irreführung gleich schlimm.

> Beweis: Es gibt verschiedene Motivlagen, aus denen heraus Menschen sich zur bewussten Irreführung statt zur Lüge entscheiden. Die meisten Motivlagen sind moralisch nicht besser als die Motive zum Lügen, und manche sind sogar moralisch zweifelhafter.

Der Text präsentiert zuerst eine These, die eher zustimmungsfähig und leicht begründbar ist, und dann eine, der man weniger leicht zustimmen wird und die schwieriger zu begründen ist. Der Beweis für die „schwierigere" These zerfällt wiederum in einen Teil, in dem die Gegenthese widerlegt wird, und einen Teil, in dem ein positiver Beweis erbracht werden soll. Die Widerlegungen sind in sich historisch angeordnet, sie folgen der Abfolge, in der die Argumente in der Debatte vorgebracht wurden.

Sauls Text ist insofern rhetorisch interessant, als die erste, relativ plausible These aus logischer Sicht gar nicht bewiesen werden muss, wenn man die zweite These beweisen kann. (Wenn Lüge und Irreführung *meistens* gleich schlimm sind, dann sind sie es auch *manchmal*.) Logisch gesehen ist der erste Teil also überflüssig. Doch der Einstieg mit einer eher akzeptablen These und einem gut gewählten Beispiel hat im Blick auf die Überzeugung des Lesers eine wichtige Funktion: Die Position, dass es eher legitim ist, jemanden in die Irre zu führen, als ihn direkt anzulügen, hat nämlich viele berühmte Fürsprecher, und – wie auch Saul annimmt – die Intuitionen der meisten Menschen auf ihrer Seite. Indem Saul hier zunächst die weichere These beweist, macht sie den Leser geneigt, ihre Position mit größerer Offenheit zu prüfen. Der Text ist also auch ein Beleg dafür, dass es Elemente in philosophischen Texten gibt, die der Beweiskraft gar nichts, der Überzeugungskraft aber sehr viel hinzufügen.

Der Schluss: Rekapitulation

Rein logisch gesehen ist mit der Begründung alles erledigt. Aber es kann rhetorisch sinnvoll sein, die These und die Begründung am Ende zu rekapitulieren. Denn erst jetzt kann der Leser das ganze Begründungsgebäude überblicken und damit auch nachvollziehen, wie die These genau mit den Gründen zusammen-

hängt. Sie können diese Rekapitulation in einem Fazit unter-
bringen. Es ist nicht verpflichtend, es enthält nichts Neues. Je
länger der Text ist, umso hilfreicher ist es aber für den Leser,
wenn man ihm noch einmal in Erinnerung ruft, welchen Weg er
zurückgelegt hat (vgl. FAQ 5.12).

Der berühmte „rote Faden"

Was in diesem Kapitel als Aufbau oder Bauplan beschrieben
wird, liefert zugleich das, was man oft bildlich als den roten Faden bezeichnet: Der rote Faden, der sich durch Ihre Arbeit ziehen sollte, ist das Anliegen, die These zu begründen. Dieser rote
Faden muss sich zuerst im Aufbau niederschlagen. In philosophischen Texten reicht es jedoch meist nicht, dass der rote Faden
vorhanden ist – er muss auch mit den Mitteln der Leserführung
für den Leser sichtbar gemacht werden. Diesem Thema wollen
wir uns im nächsten Abschnitt zuwenden.

4.3 Gute philosophische Texte leiten den Leser durch den Text

Wenn eine Autorin einen Leser durch ihren Text führt, gibt sie
ihm Hinweise wie „Erinnere dich, darüber haben wir bereits gesprochen.", „Ich nenne jetzt fünf Argumente für..." oder „Achtung! Themenwechsel." Dies kann durch entsprechende – den
Konventionen angepasste – Formulierungen, aber z.B. auch
durch die Formatierung oder eine Nummerierung geschehen.
Die Autorin gibt dem Leser damit Hilfestellungen, den Text zu
entschlüsseln. Das tut sie nicht nur im Interesse des Lesers:
Wenn sie verstanden werden will, muss sie dafür sorgen, dass
der Leser den Text so liest und deutet, wie sie es beabsichtigt.

Warum Leserführung wichtig und schwierig ist

Die Rolle der Leserführung in einem Text lässt sich anhand der
Hörerführung während eines Vortrages verdeutlichen. Vermutlich haben Sie schon einmal die folgende Erfahrung gemacht:

Hörer-
führung

Sie hören einen Vortrag oder ein Referat. Zunächst scheint alles in Ordnung zu sein; das Thema ist klar, die Vortragende drückt sich nicht übermäßig kompliziert aus und der Vortrag vermittelt Ihnen interessante neue Informationen. Dennoch fehlt etwas: Sie haben keine Ahnung, worauf die Rednerin eigentlich hinauswill, und wie die einzelnen Punkte, über die sie spricht, zusammenhängen. Im Anschluss an die Seminarsitzung treffen Sie einen Bekannten, der wissen möchte, worum es eben ging und Sie haben keine richtige Antwort parat. Sie können nur noch ein paar einzelne Informationen nacherzählen.

Nun kann es natürlich sein, dass die Referentin tatsächlich keinen höheren Zusammenhang im Sinn und einfach nur Redezeit zu füllen hatte. Wahrscheinlicher aber ist, dass sie versäumt hat, ihren Hörern Orientierungs- und Deutungshilfen zu geben, z.B. indem sie das Ziel ihres Vortrages in einem Satz benennt, ihre Vorgehensweise transparent macht oder Wichtiges hervorhebt. Ohne diese Hilfen aber können die Hörer die einzelnen Informationen nicht mit der (beabsichtigten) Vortragsstruktur zusammenbringen,[13] sie sind desorientiert, wenn sie nicht wissen, worauf der Vortrag hinauslaufen soll, und können Wichtiges von weniger Wichtigem nicht unterscheiden. Das erschwert ihnen nicht nur das Verstehen, sondern auch das Behalten des Gesagten.

Orientierungs- und Deutungshilfen

„X sagt…“, „Y vertritt die Ansicht, dass…“

Als Zuhörer haben wir die Möglichkeit, Rückfragen zu stellen. Lesern von Texten hingegen ist dieser Weg in der Regel versperrt. Autoren müssen daher für ihre Leser mitdenken und deren potentielle Orientierungs- und Verständnisprobleme von Vornherein berücksichtigen. Sie müssen dafür sorgen, dass ihre Leser immer wissen, warum sie lesen, was sie gerade lesen.

Leser können keine Rückfragen stellen

Texte haben eine lineare Abfolge. Das bedeutet, dass die Worte und Sätze *nacheinander* angeordnet werden müssen und Gedanken nur sukzessive entwickelt werden können, obwohl die inhaltlichen und logischen Beziehungen meist komplex sind. Beim Schreiben muss die Autorin ständig entscheiden: „Soll ich dies oder jenes zuerst schreiben?" Sie muss ihre Gedanken in eine sinnvolle Reihenfolge bringen, die sich auch dem Leser als solche erschließt.[14] Ein naheliegendes Beispiel dafür ist dieses Kapitel:

sinnvoller Textaufbau

---

13 Zumindest bei komplexen und inhaltlich schwierigen Beiträgen.

14 In der Literatur wird der sinnvolle Aufbau auch als „implizite Leserführung" bezeichnet. Sie wird von der expliziten Leserführung unterschieden. Wir finden es nicht überzeugend, von einer impliziten Leserführung zu sprechen,

Es behandelt zuerst die grundsätzlichen Punkte, warum Leserführung wichtig ist und wie sie sich in Texten darstellt, bevor einzelne Mittel der Leserführung vorgestellt werden und auf mögliche unerwünschte Nebenwirkungen eingegangen wird. Wir gehen also vom Allgemeinen zu den Details, wir behandeln zuerst das „Was" und das „Wie", bevor wir auf die möglichen Folgen eingehen. Das ist eine sachlich sinnvolle und typische Herangehensweise; somit dürfen wir davon ausgehen, dass der Textaufbau für unsere Leser nachvollziehbar sein wird, ohne dass wir ihn visualisieren, erklären und begründen. Hätten wir uns aber z.B. aus irgendeinem guten Grund dafür entschieden, mit den Nebenwirkungen zu beginnen, hätten wir Ihnen mehr Hilfestellungen angeboten, damit der Textaufbau für Sie transparent und plausibel wird.

Als Leser geführt werden

Wir haben in diesem Kapitel aber auch einige Mittel der Leserführung eingesetzt: Zum einen bereitet die Überschrift die Leser auf das Thema des Kapitels vor, zum anderen haben wir das Kapitel in Sinneinheiten unterteilt und diese mit Zwischenüberschriften versehen, die ebenfalls einen thematischen Fokus vorgeben. Die Marginalien helfen dabei, das zentrale Thema eines Absatzes zu erfassen; außerdem erleichtern sie den Wiedereinstieg in den Text, wenn man sich nach einer Pause das Gelesene in Erinnerung ruft. Im Übrigen haben wir das Kapitel mit einigen einleitenden Sätzen eröffnet, die Ihnen eine erste Idee davon geben, was „Leserführung" meint, für den Fall, dass Sie sich nichts unter diesem Begriff vorstellen können. Alle diese Elemente des Textes könnte man weglassen, ohne dass der Text inhaltlich etwas verlöre. Sie sind nur da, um Sie beim Lesen und Entschlüsseln des Textes zu unterstützen. Da der Aufbau dieses Kapitels, wie wir eben sagten, naheliegend und leicht nachvollziehbar ist, bräuchten Sie diese Unterstützung nicht unbedingt. Bei Texten, die schwierige Sachverhalte behandeln und komplex argumentieren, ist hingegen meist sehr viel Leserführung notwendig, damit die Leser der Gedankenführung des Autors folgen können.

Beispiel: Leserführung

---

da Autoren eine sinnvolle Gliederung vornehmlich unter sachlichen und logischen Gesichtspunkten erarbeiten.

Oft nehmen wir beim Lesen die Hinweise, die der Text nur für uns als Leser enthält, gar nicht als solche wahr, weil wir uns auf die Sache konzentrieren. Wir wollen uns deswegen einmal als Beispiel einen Auszug aus einem beliebig ausgewählten, philosophischen Text der Gegenwart anschauen. Wir haben dieses Zitat ausgewählt, weil es in einem kurzen Ausschnitt sehr viele verschiedene Varianten der Leserführung zeigt. (Was jedoch den sprachlichen Ausdruck betrifft, ist es kein Best-Practice-Beispiel für philosophisches Schreiben.):

> „Bevor die nähere Explikation der Narrativitätsthese möglich ist, muss spezifiziert werden, was die Formulierung ‚Struktur der Gefüh-le‘ im letzten Satz besagen soll: Ist damit das Gefühls*geschehen*, also das Gefühl als Verhaltung der Person – oder aber der Gefühls*gehalt*, also das, worauf sich eine Person in ihrem Fühlen bezieht, gemeint? Beide Variante sind sinnvolle Optionen, und wie wir sehen werden, lassen sich beide Varianten mit dem Instrumentarium der vorliegenden Konzeption verteidigen. Die primäre Bedeutung der Narrativitätsthese betrifft jedoch den Gefühlsgehalt – erst hier zeigt sich ihre ganze Tragweite, und erst von hier aus ist die zweite Lesart der These in angemessener Form zu fassen: Die narrative Verfasstheit des Gefühlsgehalts verweist auf die narrative Struktur des Gefühls als personaler Verhaltung. Es ist demnach dreierlei zu unterscheiden: Die narrative Struktur des Gefühlsgehalts, die sprachliche Fassung dieses Gehalts in Form von Erzählungen (Narrationen), sowie die narrative Einheit des Gefühls als personaler Verhaltung."[15]

Der Autor Jan Slaby nutzt in dieser Passage verschiedene Mittel der Leserführung, u.a. Ankündigung, Rückverweis, rhetorische Frage, explizite Benennung eines Zusammenhangs, Aufzählung, typografische Gestaltung. Viele dieser leserführenden Mittel stellen eine Metakommunikation[16] über den Text dar: Slaby erklärt und argumentiert nicht nur, sondern er kommuniziert auch über den Text, die Argumentation und die verwendeten Begriffe. Er verlässt somit die Darstellungs- und Argumentationsebene, um darüber auf der Metaebene zu sprechen. Ein Hinweis wie „Es ist demnach dreierlei zu unterscheiden", dient allein der Gedankenführung des Lesers. Man könnte die Metakommuni-

Metakommunikation

---

15 Slaby (2008), S. 284f.

16 In der Literatur werden dafür unterschiedliche Bezeichnungen verwendet, z.B.: Metadiskurs (da im Englischen die Bezeichnung „metadiscourse" üblich ist), Metatext, metasprachliche Leserführung, textkommentierende Hinweise.

kation auch in ganz anderer Weise versprachlichen, wie wir im folgenden (gekürzten) Beispiel zeigen:

> Lieber Leser, wir werden gleich ausführlicher darüber sprechen, was für eine These die Narrativitätsthese genau ist (stell dich schon mal darauf ein). Vorher aber erkläre ich, was die Formulierung ‚Struktur der Gefühle‘ besagen soll – diese Formulierung hatte ich im letzten Satz eingebracht (erinnerst du dich?). Ist damit das Gefühlsgeschehen (die Betonung liegt auf Geschehen), also das Gefühl als Verhaltung der Person, oder der Gefühlsgehalt (die Betonung liegt auf Gehalt), als das, worauf sich eine Person in ihrem Fühlen bezieht, gemeint? (Was denkst du? Ich stelle dir diese Frage, damit du mitdenkst.) Beide Variante sind sinnvolle Optionen, und ich werde dir zeigen, dass sich beide mit dem Instrumentarium der vorliegenden Konzeption verteidigen lassen.

Dieser Stil entspricht offensichtlich nicht den wissenschaftlichen Konventionen, dennoch passiert metakommunikativ in den Passagen das Gleiche: Der Leser bekommt Orientierungshilfen, seine Aufmerksamkeit wird gelenkt, er wird über die Funktion bestimmter Textstellen informiert, es werden Erwartungen aufgebaut. Viele dieser Hinweise könnte man aber auch ganz anders geben. Eine ähnliche Leserführung ließe sich z.B. auch – zu Demonstrationszwecken in übertriebener Form – folgendermaßen betreiben:

> Bevor die nähere Explikation der Narrativitätsthese möglich ist (vgl. übernächster Absatz), muss die Formulierung ‚Struktur der Gefühle‘ geklärt werden. Es gibt zwei Bedeutungsoptionen: 1. das Gefühls*geschehen* oder 2. der Gefühls*gehalt*? 1) Gefühlsgeschehen = Gefühl als Verhaltung der Person. 2) Gefühls*gehalt* = Das, worauf sich eine Person in ihrem Fühlen bezieht. 1) und 2) sind sinnvolle Optionen und wir werden sehen (vgl. Kap. X), dass sich beide Varianten mit dem Instrumentarium der vorliegenden Konzeption verteidigen lassen.

Den Leser führen – Mittel der Leserführung

Leserführende Mittel unterscheiden sich je nach Textsorte, Adressaten und Publikationsort. Die Leserführung in Reiseführern, Kindersachbüchern oder Onlinemagazinen unterscheidet sich von derjenigen in wissenschaftlichen Fachaufsätzen. Im Folgenden wollen wir Ihnen die wichtigsten Mittel für philosophische Texte vorstellen.

Überschriften: Der Titel und die Kapitelüberschriften informieren die Leserin über das Thema des gesamten Textes und seiner Abschnitte.[17] Sie wirken ähnlich wie eine Ankündigung; die Leserin entwickelt anhand der Überschriften eine Vorstellung davon, wie die Inhalte organisiert sind. Dies erleichtert ihr das Verständnis. Überschriften sind nur hilfreich, wenn sie das zentrale Thema treffend benennen; wecken sie unkonkrete oder gar falsche Vorstellungen, sind sie nutzlos oder gar irritierend und störend. Deswegen sollten Autoren gegen Ende ihrer Schreibarbeit überprüfen, ob die zu Beginn festgelegten Überschriften geändert werden müssen oder konkretisiert werden können.

Orientierende Textteile: Textsorten wie die Seminararbeit und der Fachaufsatz enthalten üblicherweise bestimmte Textteile, die vorrangig der Leserführung dienen: Inhaltsverzeichnis, Einleitung und Schluss. Manchmal gibt es auch ein Abstract oder sogenannte Advance Organizers, die wie ein Mini-Abstract jedem großen Kapitel voranstehen. Diese Textteile helfen dem Leser dabei, im Vorhinein eine adäquate Erwartung von dem Text aufzubauen und die Struktur des Textes zu erfassen, sie geben ihm einen Fokus (die erklärte Zielsetzung) vor und betonen zentrale Ergebnisse in der Vor- oder Rückschau. In den FAQ 5.11 und 5.12 beschäftigen wir uns ausführlich mit der Einleitung und dem Schluss.

Inhaltsverzeichnis, Einleitung und Schluss

Textorganisierende Hinweise, innertextliche Verweise: Wegen der Komplexität der Sach- und Argumentationszusammenhänge sind die Leser von (längeren) philosophischen Texten darauf angewiesen, innerhalb des Textes auf andere Stellen verwiesen zu werden. Inhaltliche und argumentative Zusammenhänge werden dadurch offensichtlich und die Struktur des Textes nachvollziehbar; außerdem können die Leser an den entsprechenden Stellen nachlesen, wenn sie wollen. Ein nützliches Mittel dafür sind Zeigewörter (Deiktika) wie „an dieser Stelle", „weiter unten", „zunächst", „später", „dieser" oder „jener". Der Leser kann solche Verweise natürlich nur verstehen, wenn klar ist, worauf sie sich beziehen. Dem Autor ist das immer bekannt, weshalb ihm Unklarheiten bei seinen Verweisen manchmal nicht auffallen. So kann es passieren, dass ein „dies" für den Leser ins Leere verweist oder er nicht weiß, wo er

Zeigewörter

---

17 Werden Kapitel z.B. mit „Einleitung", „Diskussion" oder „Widerlegung" betitelt, wird der Leser zudem über die Funktion des folgenden Abschnitts informiert.

„dort" nachlesen kann. Im folgenden Beispiel, das einer studentischen Hausarbeit entnommen ist, verlässt der Autor den Text, den der Leser liest, und bezieht sich auf einen ganz anderen Text, den er selbst vermutlich gerade auf dem Schreibtisch vor sich liegen hat:

> „Kant hat zwar Recht, dass man, sofern man den Begriff des Goldes aus der Erfahrung kennt, durch seine Zergliederung auf die Eigenschaft der Farbe und Materie des Objekts ohne weitere Empirie schließen kann, dennoch kann nach Kripke dieser Schluss kein notwendiger sein. Da sich Kripke an dieser Stelle die Frage stellt, ob Gold überhaupt ein Metall ist, bezieht er sich nur auf die Frage des Gelbseins von Gold."

Der Leser ist verwirrt, weil er die Angabe „an dieser Stelle" zunächst auf den vorliegenden Text, also die Hausarbeit, bezieht. Nach kurzem Überlegen wird der (geübte) Leser zwar darauf kommen, dass die gemeinte Stelle in einem Text von Kripke liegt, aber er weiß damit immer noch nicht, wo er bei Kripke nachschlagen könnte.

Weniger fehleranfällig als Zeigewörter sind konkrete Angaben zu Kapiteln, Fußnoten oder Seitenzahlen, also: „vgl. Kapitel 4.3" oder „siehe hierzu auch Fußnote 9". Wichtig ist nur, dass der Autor diese Verweise vor der Abgabe des Textes überprüft, weil sie sich während der Textbearbeitung oft ändern. (Man kann auch direkt beim Erstellen des Textes über die entsprechende Querverweisfunktion der Textverarbeitung dafür sorgen, dass die Verweise immer der aktuellen Version entsprechen.) Zu viele Zahlen können allerdings den Lesefluss stören.

Nummerische Verweise

Bezüge zwischen verschiedenen Textteilen werden auch durch ausformulierte metakommunikative Hinweise hergestellt. Beispiele sind Wendungen wie z.B.: „Es wurde bereits oben angesprochen, dass..." oder „Darauf komme ich später zurück." Wie ein Moderator oder Regisseur hilft der Autor dem Leser mit solchen Hinweisen, sich innerhalb des Textes zu orientieren und die Gedankenfolge in der intendierten Weise zu erschließen.

Sprachliche Verweise

Aufzählungen: In vielen philosophischen Texten wird irgendetwas aufgezählt, z.B. bespricht ein Autor mehrere Punkte bezüglich eines Sachverhaltes, nennt mehrere Argumente oder zählt – wie wir hier in diesem Kapitel – Möglichkeiten auf. Wenn es wichtig ist, dass der Leser die Aufzählung als solche erfasst, können Sie ihn mit unterschiedlichen Mitteln darauf hinweisen. Beispielsweise können Sie sie, wie Slaby, ankündigen (Bsp.: „Es ist demnach dreierlei zu unterscheiden."), Sie können sie durch das Layout kenntlich machen, indem Sie, wie wir es hier tun, für jeden Punkt einen Absatz machen, Sie können mit Spiegelstrichen, Signalworten (Bsp.: „Erstens..., zweitens...", „Sowohl... als auch...") und Nummerierungen arbeiten. Immer dann, wenn Sie an anderen Stellen im Text auf einzelne Punkte Bezug nehmen wollen, empfiehlt sich eine eindeutige Kennzeichnung.

Grafische Gestaltung: Die Gestaltung der Textoberfläche ist ein weiteres wirksames Mittel der Leserführung. Einige Gestaltungsmittel liegen im Ermessen des Autors, andere nicht. So dürfen z.B. Absätze nicht nach ästhetischem Empfinden gesetzt werden, sondern müssen gedankliche Einheiten erfassen. Hervorhebungen (Kursivierung und Fettung) oder wechselnde Schrifttypen[18] sind hingegen Ermessenssache. Setzen Sie solche Mittel gezielt und sparsam ein, weil der Leser die grafischen Hinweise deuten muss – sie können also helfen, halten aber auch auf. Wenn es zu viele sind oder sie uneinheitlich verwendet werden,[19] stören sie den Lesefluss. *Gezielt, sparsam und einheitlich*

Funktion verdeutlichen: Häufig versteht sich die Funktion einer Textstelle von allein. Wenn etwa eine Prämisse aus einem fremden Argument vorgestellt und unmittelbar im nächsten Schritt auf ihre inhaltliche Richtigkeit überprüft wird, ist es in der Regel nicht nötig, den Leser auf Letzteres explizit hinzuweisen. Sinnvoll ist eine solche Metakommunikation über die Funktion jedoch, wenn Textstellen nicht in unmittelbarem Zusammenhang stehen (Bsp.: „Dieses Beispiel illustriert nicht nur... sondern widerlegt gleichzeitig die These X, die weiter oben...", „Dieser Punkt wird später noch wichtig sein, um... zu begründen."). Auch Beispiele, Gedankenexperimente oder Exkurse sollten immer als solche angekündigt werden. Stellen Sie sich vor, wir würden hier unvermittelt anfangen, über den Funktionsbegriff in der Philosophie nachzudenken. Nach wenigen Sätzen würden Sie verwirrt, vielleicht auch verärgert innehalten. Das wäre vermeidbar, wenn wir vorab einen Exkurs ankündigen und seinen Zweck erläutern würden. *Mittelbare Zusammenhänge* *Beispiele, Gedankenexperimente, Exkurse*

Auch Wendungen wie „Meiner Meinung nach..." und „Es erscheint mir fraglich..." sind metakommunikative Signale zur Funktion einer Textstelle. Studenten nutzen sie manchmal in der Absicht, die folgende Aussage (und damit sich selbst) von der *Persönliche Äußerungen*

---

18 Um z.B. Überschriften und Fließtext voneinander abzusetzen oder Werktitel zu markieren.

19 Z.B. wenn Werktitel, Fremdwörter, Überschriften, zentrale Begriffe und wichtige Aussagen kursiviert erscheinen.

Beweislast zu befreien. Nach dem Motto: Achtung, jetzt drücke ich nur meine persönliche Einstellung aus. Doch eine Behauptung in einem philosophischen Text wird nicht dadurch weniger begründungspflichtig, dass sie als Meinungsäußerung angekündigt wird (vgl. FAQ 5.6).

Metakommunikation über bestimmte Formulierungen und die Bedeutung von Ausdrücken: In philosophischen Texten ist es häufig nötig, auf einer Metaebene darüber zu sprechen, was ein Ausdruck bedeutet bzw. bedeuten soll oder wie eine Formulierung gemeint ist. Das ist z.B. der Fall, wenn Philosophen sprachliche Konventionen thematisieren (Bsp.: „Im Alltäglichen versteht man unter X..., aber hier...", „Obwohl dieser Ausdruck hinsichtlich... missverständlich ist...") oder mit vorläufigen, ungenauen Formulierungen arbeiten (Bsp.: „Vorläufig belasse ich es bei dieser etwas ungenauen Formulierung.", „Das alles verstehe ich bis auf Weiteres unter dem allgemeinen Terminus ‚Kunst machen'.").

In philosophischen Texten sollten Autoren immer anstreben, dass ihre Leser möglichst (also idealerweise) alles so verstehen wie sie selbst. Bei der Mehrzahl der Worte können sie das geteilte Verständnis voraussetzen. Manche Wörter haben jedoch eine unklare Bedeutung oder mehrere Bedeutungen oder können in der Philosophie etwas Anderes als in der Umgangssprache bedeuten. Wer z.B. „Leib" nur aus der Umgangssprache kennt, wird das Wort für ein etwas altertümliches Synonym von „Körper" halten. Wenn es in der Philosophie des Geistes um das Leib-Seele-Problem geht, ist das völlig richtig; man könnte ebenso vom Körper-Seele-Problem sprechen. In der Phänomenologie[20] dagegen ist der Leib gerade nicht identisch mit dem Körper, sondern bezeichnet so etwas wie das subjektiv empfundene physische Dasein in der Welt. Wenn Sie nun in Ihrer Hausarbeit das Wort „Leib" verwenden und aus dem Kontext nicht eindeutig hervorgeht, auf welche philosophische Richtung oder Debatte Sie sich beziehen, müssen Sie Ihre Leser darüber informieren, wie sie es verstanden wissen wollen (vgl. FAQ 5.9).

Bedeutung erklären oder festlegen

---

20 Die Phänomenologie ist eine philosophische Strömung.

Risiken und Nebenwirkungen der Leserführung?

Für leserführende Sätze gilt wie für alle Aussagen in philosophischen Texten, dass sie informativ sein müssen. Nur dann sind sie auch zweckmäßig. Folgende Beispiele entbehren jedes Nutzens, weil sie trivial und uninformativ sind:

Informationsgehalt der Leserführung

> „Im Fazit werden die Ergebnisse zusammengefasst." (Ja, sonst hieße es nicht Fazit!)
> „Der folgende Überblick dient dazu, ein allgemeines Verständnis von ... zu vermitteln; er kann aber nur dazu dienen, die Sache grob zu überschauen." (Ja, sonst wäre es kein Überblick; und ein allgemeines Verständnis und eine grobe Übersicht unterscheiden sich nicht so sehr, dass man das zweimal sagen muss.)

Solche Hinweise helfen auch dem unerfahrensten Leser nichts; sie erläutern nur Selbstverständliches.

Außerdem sollte man es mit der Leserführung nicht übertreiben. Wenn Kapitel 3 mit einer Zusammenfassung sowie einer Vorschau auf Kapitel 4 endet, und Kapitel 4 dann wiederum mit einem Überblick über das Folgende beginnt, ist das erforderliche Maß an Leserführung überschritten. Leider kann man nicht pauschal sagen, was das richtige Maß der Leserführung ist: Quantitative Angaben wie die, dass ungefähr 25% des Textes aus Leserführung bestehen sollten, gehen nach unserer Einschätzung fehl. Denn natürlich bestimmen das Thema, die Textlänge, die Textsorte, der Kontext und die Zielgruppe, welches Maß und auch welche Art von Leserführung angebracht sind. Erfahrene Leser und Experten benötigen in der Regel weniger Hilfen als unerfahrene Leser und Laien. Klar ist jedoch, dass man auch einem unerfahrenen Leser zutrauen darf, dass seine Aufmerksamkeitsspanne von einem Satz bis zum nächsten reicht. Das Rezept „viel hilft viel" ist für die Leserführung ungeeignet.

Es gibt kein pauschal richtiges Maß

Das Risiko, den Leser mit unnötiger Leserführung zu langweilen, ist für Studienanfänger allerdings sehr begrenzt. Die meisten Texte von Studenten enthalten erfahrungsgemäß deutlich zu wenig Leserführung. Von daher nehmen Sie das Risiko ruhig in Kauf: Wiederholungen und überflüssige Hinweise machen einen Text zumindest nicht unverständlich. Indessen können zu wenige Hilfestellungen dem Leser echte Probleme beim Deuten des Textes bereiten.

Zu wenig Leserführung

Auch in der Leserführung gelten bestimmte Stil-Konventionen. Wenn Studienanfänger sie übertreten, liegt das manchmal dar-

Konventionen beachten

an, dass sie ihre Texte nicht als (fiktiven) Beitrag zum philosophischen Diskurs schreiben – dass diese Fiktion maßgeblich für das Schreiben von Seminararbeiten ist, haben wir in Kap. 3 behandelt. Studienanfänger schreiben oft in der Rolle eines Lernenden und drücken in ihren Texten ihre Unsicherheiten aus. Sie trauen sich z.B. noch nicht, Urteile zu fällen, Definitionen und Erklärungen zu geben, sondern betonen den Versuchscharakter ihrer Arbeit:

> „Unter Berücksichtigung dieser Untersuchung wird im Weiteren versucht, ... zu beurteilen.“
>
> „Dazu soll zunächst versucht werden, den Begriff ... etwas greifbarer zu machen. Es soll ... kurz dargestellt werden, bevor eine Erklärung versucht wird.“
>
> „Dies kann nur ein vorläufiges Fazit sein, weil nur wenige Texte die Untersuchungsgrundlage bildeten.“

In ihrer Rolle als Lernende lassen Studienanfänger auch öfter persönlichen Anmerkungen zu ihrer Arbeit einfließen (vgl. dazu FAQ 5.8):

> „Dies sind Fragen, auf die ich in dieser Hausarbeit gern eine Antwort finden möchte.“
>
> „Sinneswahrnehmungen – bei diesem Begriff fallen mir sofort die Sinnesorgane ein, aber welche genauen Aufgaben haben diese Sinnesorgane und wie funktionieren sie? Jeden Tag, zu jeder Zeit nutzen wir Sinne.“

Solche Äußerungen sind nicht falsch, sie deuten aber darauf hin, dass der Autor oder die Autorin noch nicht ausreichend mit der Textsorte Seminararbeit vertraut ist.

Oft fehlen Studienanfängern auch einfach noch geeignete und etablierte Wendungen. Dies zeigt sich z.B. an stilistischen Unsicherheiten wie dem Verwenden von erzählerischen oder anweisend-instruierenden Elementen, um durch den Text führen:

> „Meine Studie der Auffassung Nagels vom Sinn des Lebens kann also jetzt zum Schluss gebracht werden.“
>
> „Bevor seine Argumentationsstrategie geprüft wird, empfehlen sich einige Anmerkungen dazu, wie Locke die Begriffe ... verwendet.“

Solche stilistischen Unsicherheiten können in den ersten Seminararbeiten vorkommen und führen für sich allein genommen nicht zu einer schlechten Benotung – wiederum im Gegensatz zu fehlender Leserführung, die Ihr Dozent benötigt hätte, um Ihren Überlegungen zu folgen.[21] Gleichwohl ist die stilistische Eleganz eine ästhetische Eigenschaft von Texten, die, wie wir in Kap. 2 sagten, für ihre Überzeugungskraft von Bedeutung ist. Wenn Sie sich mit den Konventionen vertraut machen und neue sprachliche Mittel für die Leserführung lernen wollen, sollten Sie fremde Texte mit Blick auf die Leserführung lesen.

Eine elegante, maßvolle und dabei wirksame Leserführung ist sicherlich die Kür des philosophischen Schreibens, die auch Vielschreiber nicht unbedingt beherrschen. Im Zweifelsfall gilt: Hauptsache, die Autorin denkt beim Schreiben an ihre Leser und sorgt dafür, dass es ihnen nach der Lektüre nicht so geht wie in unserem obigen Beispiel zur Hörerführung.

An den Leser denken

Übrigens sind Leser die besten Sachverständigen für Leserführung. Aus diesem Grund sollten Sie Ihre Texte unbedingt aus der Hand geben und sich Rückmeldungen einholen.

Feedback einholen

4.4 Gute philosophische Texte bringen gute Beispiele

Leser schätzen Beispiele in philosophischen Texten. Abstrakte Begriffe und Überlegungen werden durch sie oft erst nachvollziehbar. Beispiele können zum einen dazu dienen, Begriffe einzuführen; sie zeigen gewissermaßen, wovon überhaupt die Rede ist. Zum anderen können Beispiele Aussagen belegen, plausibilisieren oder widerlegen. Beispiele sind also kein bloßer Schmuck, sondern sie liefern im weitesten Sinn Gründe.[22] Wenn Sie in Ihrer Seminararbeit Beispiele bringen wollen, dann gilt nichts anderes als für alle anderen Teile Ihrer Begründung: Sie sollten beweiskräftig sein, müssen aber auch rhetorisch korrekt ausgearbeitet und eingesetzt werden.

Beispiele als Gründe

---

21 Die Unsicherheit schlägt sich manchmal auch in grammatikalischen Fehlern nieder, insbesondere beim Passiv; ein typisches Beispiel für eine solche falsche Passivkonstruktion ist: „Es soll sich hier mit dem Thema ... auseinandergesetzt werden."

22 Sehr deutlich wird dieser Zusammenhang in Eduardo Fermandois' überzeugender Analyse herausgearbeitet; vgl. Fermandois (2015), S. 91. Fermandois weist u.a. darauf hin, dass zum Verstehen auch das Wissen um die Gründe gehört, aus denen jemand etwas sagt. Wenn Beispiele uns helfen, das Gesagte zu verstehen, so sind sie auch hilfreich, um die Gründe für das Gesagte zu erfassen.

Eine kurze Bemerkung zur Terminologie: Im üblichen Sprachgebrauch verstehen wir unter einem Beispiel entweder einen Gegenstand, auf den ein Autor oder Redner in bestimmter Absicht verweist, oder die sprachliche Darstellung eines solchen Gegenstands. Wenn wir nach einem Beispiel für eine parlamentarische Monarchie gefragt werden, nennen wir das Vereinigte Königreich (den Gegenstand); aber wir sagen auch, dass auf Seite 17 eines Textes ein knappes Beispiel steht. Im Folgenden wird der Ausdruck „Beispiel" ebenfalls in beiden Bedeutungen verwendet; welche gemeint ist, geht jeweils aus dem Kontext hervor.

Welche Gegenstände als Beispiel dienen können

Die als Beispiel herangezogenen Gegenstände können Einzeldinge, Ereignisse und Situationen, soziale, politische und institutionelle Gebilde, abstrakte Entitäten oder sprachliche Gebilde sein – als Beispiele können also Gegenstände im allerweitesten Sinn des Wortes dienen. Philosophen verwenden gern den Terminus „Entität", um diesen weiten Sinn von Gegenstand zu erfassen. Diese Entitäten müssen nichts Konkretes sein, man muss sie nicht „anfassen" können, aber sie müssen auf jeden Fall spezieller sein als das, wofür sie als Beispiel herangezogen werden.[23] Entitäten sind überdies stets aufgrund bestimmter Eigenschaften, die sie haben, Beispiele.[24] Ganz unabhängig von ihrer rhetorischen Funktion lässt sich hieraus ein erstes und relativ triviales Kriterium für gute Beispiele ableiten: Eine Entität muss die

Erstes Kriterium für gute Beispiele

Eigenschaften, aufgrund derer sie als Beispiel herangezogen wird, auch wirklich haben, damit man sie zu Recht heranziehen kann. Tut sie dies nicht, fällt sie also gar nicht unter dasjenige, was sie exemplifizieren soll; sie ist nicht nur kein gutes, sondern schlicht *gar kein* Beispiel dafür. (So ist das Vereinigte Königreich kein Beispiel für eine Republik, weil es die relevante Eigenschaft nicht hat.) Es kommt gar nicht so selten vor, dass in studentischen Arbeiten auf Beispiele verwiesen wird, die in Wahrheit keine sind, weil die Autoren nicht geprüft haben, ob der Gegenstand, den sie

---

23 Vgl. Gabriel (2013), S. 128.

24 Dass sie aufgrund dieser Eigenschaften als Beispiel für etwas herangezogen werden können, ist ebenfalls eine Eigenschaft, die sie haben (eine Eigenschaft höherer Ordnung).

anführen, tatsächlich unter den Begriff fällt. Hier kann manchmal ein Blick ins Lexikon Abhilfe schaffen, je nach Beispiel auch in ein philosophisches Wörterbuch.

Über etwas reden: Beispiele zur Einführung von Begriffen

Beispiele, so sagten wir oben, können dazu dienen, Begriffe einzuführen. Ihre logische Funktion liegt dann darin zu belegen, dass es etwas gibt, was unter diesen Begriff fällt: Zumindest *eine* Instanz des exemplifizierten abstrakten Begriffs existiert tatsächlich.

Hier ein Beispiel für diese Art des Beispielgebens: Peter F. Strawson bestimmt Personen als Entitäten mit physischen und mentalen Eigenschaften.[25] Ein Beispiel für solche Personen sind Menschen. Menschen sind also ein Beleg dafür, dass es Entitäten mit physisch-mentalen Eigenschaften gibt. Das Beispiel zeigt, dass man überhaupt über etwas spricht, wenn man über physisch-mentale Entitäten redet. Hierin liegt ihre rhetorische Funktion: Wenn jemand einen Ausdruck für einen abstrakten Begriff prägt und verwendet, aber keine Beispiele dafür nennen kann, drängt sich dem Leser der Verdacht auf, dass der Autor entweder nicht genau weiß, wovon er spricht, oder dass der Ausdruck schlicht bedeutungslos ist. Dieser Verdacht ist für die Überzeugungskraft Ihres Textes schädlich. Um ihn gar nicht erst aufkommen zu lassen, sollten Sie Beispiele geben, mit denen Sie dem Leser zeigen, dass das, worüber Sie schreiben, tatsächlich existiert. *(Beispiele zur Einführung von abstrakten Begriffen)*

Sie erzielen diesen Effekt allerdings nur dann, wenn das, was Sie anführen, auch vom Leser *auf Anhieb* als Beispiel akzeptiert wird – dies ist ein zweites Kriterium für gute Beispiele. Der Regenwurm ist kein gutes Beispiel für eine physisch-mentale Entität, denn viele Leser dürften Zweifel haben, ob Regenwürmer eine Psyche haben. Möglicherweise liegen die Zweifler falsch, aber das spielt keine Rolle für die Qualität des Beispiels: Gute Beispiele sollten uns nicht in theoretische Auseinandersetzungen verstricken. Verzichten Sie besser auf Originalität beim Beispielgeben, wenn die Plausibilität darunter leidet. *(Zweites Kriterium für gute Beispiele)*

Eine zentrale Rolle spielen Beispiele bei der Einführung von vagen Begriffen, Begriffen also, die sich einer scharfen Definition *(Beispiele zur Einführung von vagen Begriffen)*

25　Vgl. Strawson (1972), S. 130.

entziehen. Sie sind u.a. dadurch gekennzeichnet, dass es Grenz-
fälle gibt, Fälle also, bei denen nicht klar ist, ob sie noch unter den
fraglichen Begriff fallen oder nicht. Auch philosophisch grundle-
gende Begriffe können vage sein. (Vielleicht sind sogar die meisten philosophischen Begriffe vage.[26]) Das Nennen von Beispielen
hat hier eine wesentliche Funktion beim Einführen des Begriffs,
Beispiele leiten die Erkenntnis. Ein Beispiel hierfür ist der Begriff
der Freundschaft, der sich nicht scharf abgrenzen lässt gegen den
der Kameradschaft oder der Liebesbeziehung. Wenn Sie in einer
Seminararbeit den Begriff der Freundschaft thematisieren wollen, tun Sie daher gut daran, ihn zum einen in das allgemeinere
Begriffsfeld einzuordnen, zum anderen aber auch Beispiele für
Haltungen und Verhaltensweisen anzuführen, die Freunde an
den Tag legen, um deutlich zu machen, was Sie darunter verstehen. Es ist nicht nur zulässig, sondern für die Einführung des Begriffs sogar essentiell, dass Sie Verhaltensweisen beschreiben, die
für Freunde typisch sind. Sie können dabei auf unterschiedliche
Weise vorgehen. Am einfachsten ist es, Handlungssituationen zu
benennen, z.B. dass Freunde einander helfen, wenn einer in einer Notlage ist, oder dass sie einander zuhören – oder was immer
Ihrer Ansicht nach typischerweise bei Freundschaften der Fall ist.
Wenn Sie besonders kreativ oder phantasievoll sind oder das Glück
haben, entsprechende Erfahrungen gemacht zu haben, können
Sie aber auch eine Situation schildern, an der sich besonders viele
Züge einer Freundschaft manifestiert haben, und diese Züge dann
anhand des Beispiels herausarbeiten. (Wie so etwas aussieht, werden wir unten noch – woran sonst – an einem Beispiel studieren.)
Auch hierbei sollten Sie tunlichst Beispiele wählen, die auch von
Ihren Lesern als solche akzeptiert werden können. Gerade bei der
Einführung von vagen Begriffen kann es aber wichtig sein, überdies Beispiele zu geben, die gewissermaßen in den Graubereich
zwischen zwei Begriffen fallen. Sie sollten diese Beispiele dann
aber als solche benennen (vgl. dazu Kap. 4.3). Sie könnten etwa
schreiben: „Ein Beispiel, das in die Grauzone fällt, ist die Beziehung zwischen zwei Klassenkameraden, die niemals ihre Freizeit
miteinander verbringen, sich aber in der Schule aus wechselsei-
tiger Sympathie heraus in besonderem Maße unterstützen." Je
fragwürdiger ein Beispiel aus Lesersicht ist, umso ausführlicher

---

26 Der späte Wittgenstein hat darauf hingewiesen, dass die Sprache überhaupt und
    auch die philosophische Sprache überwiegend aus vagen Begriffen besteht.

müssen Sie es erläutern und begründen, und umso mehr lenken Sie den Leser vom eigentlichen Begründungsziel ab. (Denken Sie daran: Eigentlich wollten Sie ja nur einen Begriff einführen und nicht ein ganzes theoretisches Fass aufmachen!)

Fallbeispiele zur Einführung von Problemen

Vor allem in ethischen Kontexten spielen Fallbeispiele eine besondere Rolle. Sie dienen häufig als Basis für die Explikation eines Problems. Mit dem Fallbeispiel zeigt man, dass das, was man diskutieren will, tatsächlich eine moralische Frage ist, die in der Lebenswirklichkeit auftritt und dort zu Konflikten führt.[27] Wer in einer Seminararbeit ein Fallbeispiel behandeln will, sollte sich gut informieren; viele Fallbeispiele scheitern daran, dass die studentischen Autoren sich nicht hinreichend schlau gemacht haben, wie es sich mit einer Sache wirklich verhält. Wer über aktive Sterbehilfe schreiben will und Beispiele aus dem Altersheim heranzieht, sollte sich über die Situation in Altersheimen informieren und nicht einfach Geschichten über Altersheime, die er irgendwo aufgeschnappt hat, wiedergeben und daraus ein Problem herleiten. Falls die Geschichte gegenstandslos ist, wird auch der Problemstellung die Grundlage entzogen und damit natürlich auch der Lösung. (Denken Sie daran, dass Ihre Leser von Ihnen als Philosophin ein besonderes Ethos erwarten, zu dem es gehört, dass Sie sich an die Wahrheit halten und keinen Vorurteilen aufsitzen; vgl. Kap. 2.)

Die Rolle der Recherche bei Fallbeispielen

Plausibilisieren und Widerlegen: Beispiele als Argumente für und gegen allgemeine Aussagen

Viele besonders gehaltvolle philosophische Aussagen sind allgemeine Sätze, etwa: „All unser Wissen hat seinen Ursprung in der Erfahrung", oder „Nur der gute Wille hat einen unbedingten Wert."

---

27 Es besteht hier eine Analogie zur oben bereits erläuterten Funktion von Beispielen, die abstrakte Begriffe einführen. Fallbeispiele zeigen, dass ein Problem tatsächlich existiert, Beispiele zur Einführung von abstrakten Begriffen zeigen, dass die Sache, über die geredet wird, tatsächlich existiert.

Im Zusammenhang mit der Begründung solcher allgemeinen Aussagen können Beispiele zwei logische Funktionen haben:

Zunächst können sie als Gegenbeispiele gegen Allaussagen angeführt werden und diese widerlegen: „Alle Staaten, in denen ein parlamentarisches System etabliert ist, sind Republiken." Diese Aussage ist falsch, wie das (Gegen-)Beispiel des Vereinigten Königreichs zeigt. Wenn Sie eine allgemeine These kritisieren wollen und Ihnen fällt auch nur ein einziges wirklich schlagendes Gegenbeispiel ein, haben Sie die These widerlegt. (Natürlich kann eine abgeschwächte Version, die keine Allaussage enthält, dennoch wahr sein.)

Das Beispielgeben bei der Widerlegung von Thesen kann aus denselben Gründen schiefgehen wie beim Einführen von Begriffen, allerdings mit weitaus gravierenderen Folgen für die Überzeugungskraft eines Textes. Wenn Sie annehmen, mit einem Gegenbeispiel eine These widerlegt zu haben, das Gegenbeispiel aber vom Leser gar nicht als solches akzeptiert wird, dann kollabiert Ihre Begründung vollständig. In Seminararbeiten werden nicht selten Gegenbeispiele gewählt, die dem Leser nicht auf Anhieb einleuchten, bei denen also, anders gesagt, viele zusätzliche Annahmen zutreffen müssen, damit sie als Gegenbeispiel die zu bestreitende These widerlegen können. Auch hier gilt die Regel: Wählen Sie am besten Beispiele, bei denen die Leserin schon von sich aus überzeugt ist, dass es den Gegenstand tatsächlich gibt und dass er ein Gegenbeispiel darstellt. Wo Sie voraussetzen müssen, dass die Leserin nicht ohnehin davon überzeugt ist, müssen Sie Ihr Beispiel erläutern oder ein anderes suchen.

Ein einzelnes Beispiel kann zwar der Widerlegung einer allgemeinen These dienen, aber nicht als Beweis für eine allgemeine Behauptung fungieren. (Deswegen würde kein Empirist seine These, dass alles Wissen aus der Erfahrung stammt, mit dem Beispiel belegen, dass wir nur durch Erfahrung ermitteln, ob ein Farbton dunkelblau oder schwarz ist.) Ob *viele* Beispiele ausreichend sind, um eine allgemeine Aussage zu begründen, ist eine umstrittene Frage. Sie hängt eng mit dem sogenannten Induktionsproblem zusammen, der Frage also, wie sich Schlüsse von vielen Einzelfällen auf ein allgemeines Gesetz rechtfertigen lassen.[28] Dieses Problem stellt sich vor allem im Hinblick auf

---

28 Dass in den empirischen Wissenschaften faktisch die Beobachtung von Einzelfällen als Beleg für Regularitäten herangezogen wird, liegt auf der Hand. Die Philosophie interessiert sich dafür, wie sich dieses Verfahren rechtfertigen lässt.

die empirischen Wissenschaften, aber es kommt auch vor, dass Philosophen mehrere Beispiele heranziehen, um eine allgemeine Behauptung zu begründen. Meist haben sie dabei nicht den Anspruch, im strengen Sinn einen Beweis zu liefern, sondern sie wollen ihre allgemeinen Behauptungen plausibilisieren. Das heißt konkret, dass Sie die Beweislast mithilfe der Beispiele umkehren: Der Gegner ist dann am Zuge, er muss die These widerlegen, die durch die Beispiele plausibel gemacht wurde. Dies müssen Sie auch als Autorin einer Seminararbeit beachten, wenn Sie eine Theorie entkräften wollen, die durch Beispiele plausibilisiert wurde.[29] Es ist kein überzeugender Einwand, wenn Sie lediglich geltend machen, dass in dem fremden Text ja „nur Beispiele" angeführt wurden, die nichts beweisen würden. Um der Beweislastumkehr zu entgehen, müssen Sie vielmehr zeigen, dass die Beispiele keine guten Beispiele sind, oder Sie müssen ähnlich gute Beispiele zur Plausibilisierung Ihrer eigenen These bringen und dadurch gewissermaßen ein Patt erzeugen.

Beispiele, die allgemeine Thesen plausibilisieren sollen, müssen sehr genau daraufhin überprüft werden, ob sie nicht ebenso gut als Beispiele für das Gegenteil herangezogen werden können. Denken Sie etwa an den Fall, dass jemand zeigen möchte, dass Menschen von Natur aus hilfsbereit sind. Die Beispiele, die er anführt, beschreiben konkrete Fälle von Hilfsbereitschaft in Deutschland: Vielleicht haben die Menschen in seinem Heimatort einander spontan geholfen, als ihre Keller überflutet wurden? Oder Leute haben bei einer Spendenaktion eine Menge Geld gesammelt? Zweifellos sind dies Beispiele für Hilfsbereitschaft, aber sie können natürlich auch herangezogen werden, um die These zu plausibilisieren, dass Hilfsbereitschaft eine den Menschen anerzogene Eigenschaft ist.

Ein Beispiel fürs Beispielgeben

An einem Text von Adam Smith möchten wir nun das bisher Gesagte genauer erläutern. Smith, dies sei zum besseren Verständnis der zitierten Textabschnitte vorausgeschickt, ist der An-

---

29 Auch diesen Punkt hat Fermandois in vorbildlicher Weise klar gemacht; vgl. Fermandois (2015), S. 99.

sicht, dass Menschen eine natürliche Fähigkeit haben, mit anderen mitzufühlen, dieses Mitgefühl aber nicht so funktioniert, dass wir unmittelbar ihre Gefühle erfassen (dies will er gerade widerlegen). Vielmehr stellen wir uns vor, dass wir als die Person, die wir selbst sind, in die Situation oder den Körper des anderen versetzt werden. Smith vertritt also zwei Thesen: Menschen haben von Natur aus die Fähigkeit mitzufühlen (1); das Mitgefühl beruht darauf, dass man sich als die Person, die man ist, in die Situation oder den Körper hineinversetzt, in der oder dem sich andere befinden (2).

Smith nennt zunächst Beispiele für menschliches Mitgefühl: Wir bewegen uns unwillkürlich mit, wenn wir einen ungesicherten Seiltänzer dabei beobachten, wie er seinen Körper ausbalanciert, um nicht abzustürzen; wir zucken zusammen, wenn jemand anderes vor unseren Augen geschlagen wird. Diese Beispiele plausibilisieren These (1): Menschen fühlen von Natur aus mit anderen Menschen mit. Schon bei der Wahl dieser Beispiele beweist Smith viel Geschick. Zunächst einmal sind die Gefühle, die er beschreibt, den meisten Lesern gut vertraut. Wer gegen Smith die These vertreten wollte, dass es so etwas wie Mitgefühl *gar nicht* gibt, hat, wenn wir als Leser die Beispiele akzeptieren, nicht nur Smith gegen sich. Überdies wählt Smith keine Beispiele, an die Sie vielleicht beim Stichwort „Mitgefühl" als erstes denken, etwa das Mitleid, das Menschen zum Spenden veranlasst. Dies hat durchaus einen bestimmten Sinn. Um These (1) zu belegen, braucht Smith einfache Beispiele für ein unmittelbares Mitgefühl, das nicht durch moralische Überlegungen bewirkt ist und bei dem auch die Entlastung des eigenen Gewissens, die Aussicht auf Dankbarkeit, gesellschaftliche Anerkennung oder jenseitigen Lohn als Antriebe ausgeschlossen werden können. Das Beispiel des Spendens aus Mitleid wäre insofern kein gutes Beispiel, als man hier mit guten Gründen bezweifeln kann, ob tatsächlich ein unmittelbares Mitleid im Vordergrund steht und nicht vielmehr die Erziehung oder die Aussicht auf solche Gratifikationen. Dass Menschen an Notleidende spenden, kann allenfalls die These plausibilisieren, dass es überhaupt so etwas wie Mitgefühl gibt. Die von Smith beschriebenen Situationen und Gefühle sind hingegen unabhängig von der gesellschaftlich verbreiteten oder individuellen Bewertung der Situation. Wir können es für aberwitzigen Leichtsinn halten, wenn jemand ungesichert auf dem Seil über einen Abgrund balanciert, dennoch reagieren wir in der von Smith beschriebenen Weise. Smiths Beispiele bringen denjenigen in Beweisnot, der die These vertritt, dass uns das Mitgefühl im Rahmen unserer moralischen

Beispiele für unmittelbares Mitgefühl

Sozialisation anerzogen wird. Sie sind insofern gute Beispiele, als sie eben nicht auch genauso gut für die Plausibilisierung der Konkurrenzthese herangezogen werden können.

Smiths Beispiele vom Seiltänzer und vom Geschlagenen sind aber noch nicht geeignet, auch seine weitergehende These (2) zur Funktionsweise des Mitgefühls zu begründen. Vielmehr können sie genauso auch eine konkurrierende weitergehende These belegen: Wir fühlen mit, so die Konkurrenzthese, indem wir die Gefühle anderer in ihrer Mimik und Gestik „lesen", wodurch in uns zunächst eine Idee von den Emotionen des anderen Menschen und schließlich ähnliche eigene Emotionen geweckt werden. Die beiden oben genannten Beispiele (das Mitfühlen mit dem Seiltänzer oder dem Geschlagenen) sind mit der Konkurrenzthese ebenso verträglich wie mit Smiths eigener These.

Dass die Konkurrenzthese nicht zutrifft, zeigt Smith nun an weiteren Beispielen, die als Gegenbeispiel für jene Konkurrenzthese fungieren. Als Gegenbeispiel taugt grundsätzlich jede Situation, in der man mitfühlt, in der aber der mitfühlende Mensch und derjenige, mit dem er fühlt, in ihren Emotionen *nicht* übereinstimmen. Hier nur eines (dafür aber ein besonders originelles) der Smith'schen Gegenbeispiele:

„Ja, wir empfinden Sympathie sogar mit den Toten, und, ohne daß wir auf das achten würden, was in ihrer Lage wirklich wichtig ist, [...] machen auf uns vielmehr jene Umstände besonderen Eindruck, die zwar uns in die Augen fallen, die aber auf ihre Glückseligkeit keinen Einfluß haben können. Es ist bejammernswert, denken wir, des Sonnenlichts beraubt zu sein; ausgeschlossen zu sein vom Leben und vom Umgang mit Menschen, ins kalte Grab gelegt zu werden als eine Beute der Verwesung und des Gewürms der Erde. Der Tote ist bejammernswert, denken wir, weil niemand mehr in dieser Welt seiner gedenkt und er in kurzer Zeit aus der Liebe und fast sogar auch aus dem Gedächtnis seiner liebsten Freunde und Verwandten ausgelöscht sein wird. Sicherlich können wir, wie wir meinen, nie zu viel für jene fühlen, die ein so fürchterliches Unglück betroffen hat. Es scheint uns, daß ihnen das Mitleid, welches wir ihnen zollen, nun doppelt gebührt, da sie in Gefahr sind, von jedermann vergessen zu werden; und durch die zwecklosen Ehrungen, die wir ihrem Andenken erweisen, bemühen wir uns – zu unserer eigenen Pein – die trübselige Erinnerung an ihr Unglück künstlich in uns wachzuhalten. [...] Die Glückseligkeit der Toten wird indessen ganz sicher durch keinen dieser Umstände berührt; auch wird der Gedanke an diese Dinge niemals die tiefe Sicherheit ihrer Ruhe stören können. Die Vorstellung von jener fürchterlichen und endlosen Melancholie, die unsere

> Phantasie naturgemäß ihrer Lage zuschreibt, entsteht ganz und gar
> daraus, daß wir mit der Veränderung, die sich an ihnen vollzogen
> hat, unser eigenes Bewußtsein von dieser Veränderung verbinden;
> sie entsteht daraus, daß wir uns selbst in ihre Situation versetzen,
> und daß wir, wenn ich so sagen darf, unsere eigene lebende Seele in
> ihren unbeseelten Leichnam einquartieren und uns dann die Gefühle
> vorzustellen suchen, die wir in dieser Lage haben würden."[30]

Das Phänomen, dass wir mit den Toten mitleiden, ist laut Smith
mit seiner Theorie erklärbar, mit der Konkurrenztheorie jedoch
nicht. Sollte letztere die *einzige* Konkurrenz zu seiner These sein,
ist er mit seinen Beispielen einem Beweis schon relativ nahe gekommen.

Gute Beispiele finden

Smiths Beispiele knüpfen an Erfahrungen und Situationen an,
die den meisten Menschen vertraut sind. Dennoch muss man
auf solche Beispiele erst einmal kommen!

Beispiele recherchieren

Wenn Ihnen als Autor keine eigenen Beispiele einfallen (aber
auch, wenn Ihnen welche einfallen), sollten Sie recherchieren.
Die Philosophie bedient sich auf ihrer Suche nach Beispielen
bei den empirischen Wissenschaften, aber auch bei der Literatur
oder der Lebenswelt. Wenn Sie einen Text über das Mitgefühl
schreiben wollen (auch über das Mitgefühl bei Smith), können
Sie Ihre Freunde und Verwandten fragen, welche Situationen ihnen als typische Beispiele für Mitgefühl einfallen, Sie können
nach empirischen Studien zum Thema Mitgefühl suchen oder
sich an Romane erinnern, in denen von mitfühlenden Menschen erzählt wurde. Auch Listen in Lexika (einschließlich seriö-
ser Online-Lexika) können eine Hilfe sein: Wenn Sie ein Beispiel
für eine parlamentarische Monarchie suchen und Ihnen das Vereinigte Königreich nicht auf Anhieb einfällt, dann schauen Sie
einfach unter dem entsprechenden Eintrag nach.

Typische und untypische Fälle

Auch wenn Ihnen auf Anhieb ein passendes Beispiel einfällt,
kann es sich lohnen, weiter zu suchen und sich besser zu informieren. Wenn Sie an einem Beispiel darstellen wollen, welche

---

30 Smith (1994), S. 8f.

Eigenschaften Staaten haben, könnten Sie eine Liste der Staaten daraufhin befragen, warum manche Gebilde nicht darauf stehen (Bayern, Minnesota), andere aber doch (Vatikan, Monaco). Aufgrund der vielen Besonderheiten empfiehlt es sich sicher nicht, den Vatikan als *typisches* Beispiel für einen Staat zu wählen. Man sollte eher einen Staat zum Ausgangspunkt nehmen, der mit den meisten anderen Staaten auf der Liste viele Gemeinsamkeiten hat. (Typische Beispiele sind zugleich überzeugende Beispiele: Der Leser hat keine Zweifel, dass sie unter den Begriff fallen.) Den Vatikan hingegen kann man gut als Beispiel wählen, um die Grenzen einer Begriffsbestimmung auszuloten: So kann es hilfreich sein, den Begriff des Staats zunächst unter Rückgriff auf Beispiele wie Deutschland, Japan oder Südafrika zu explizieren, die Analyse dann aber am untypischen Staat Vatikan zu überprüfen.

Sie sollten übrigens immer damit rechnen, dass Ihre Recherche zu unerwarteten Ergebnissen führen kann, indem die Beispiele, auf die Sie stoßen, Ihre Ausgangsthese nicht etwa plausibilisieren, sondern widerlegen. Wenn Sie sich früh genug um die Beispiele kümmern, erwächst daraus kein Schaden, ganz im Gegenteil: Die Suche nach Beispielen hat Ihnen geholfen, Ihr Thema richtig zu durchdringen und Sie davor bewahrt, eine These zu vertreten, von der Sie selbst nicht überzeugt sind und mit der Sie auch den Leser nicht überzeugen werden. Es empfiehlt sich darum oft, in einer frühen Phase der Texterstellung über Beispiele nachzudenken. Beispiele sind nicht nur für den Leser da, sondern können auch Ihnen als Autorin helfen, Ihre Überlegungen zu überprüfen.

Die gelungene sprachliche Darstellung von Beispielen

Die sprachliche Seite der Darbietung von Beispielen haben wir bislang weitgehend außen vor gelassen. Zwei Aspekte sind hier zu unterscheiden: Sie müssen erstens durch sprachliche Mittel deutlich machen, welche Funktion Ihr Beispiel haben soll; und zweitens müssen Sie das Beispiel selbst sprachlich adäquat fassen.

Zunächst zum ersten Punkt: Damit Ihre Leser erfassen können, was das Beispiel leisten soll, muss deutlich sein, dass es sich um ein Beispiel handelt. Das ist meist ganz einfach: Sie kündigen

Ihr Beispiel mit den Worten „zum Beispiel" an. Da Beispiele aber in logischer Hinsicht verschiedene Funktionen haben, können Sie außerdem verdeutlichen, was Sie mit dem Beispiel leisten wollen. Manchmal ergibt sich das aus dem Kontext: „Parlamentarische Monarchien wie z.B. das Vereinigte Königreich" – hier ist klar, dass der Begriff eingeführt und belegt werden soll. Bei komplexen Beispielen kann es aber erforderlich sein, dem Leser explizit mitzuteilen, ob Sie einen Begriff einführen, eine Aussage plausibilisieren oder eine Behauptung widerlegen wollen. Die Einführung des Beispiels gehört zur Leserführung (vgl. Kap. 4.3).

Ein anderer Aspekt ist die sprachliche Darstellung des Beispiels selbst. Wenn ein Einzelding angeführt wird, um einen Begriff zu exemplifizieren, gibt es meist keine Probleme, man muss lediglich die korrekte Bezeichnung für das Ding kennen und verwenden. Wenn aber eine komplexe Situation oder Verhaltensweise als Beispiel herangezogen werden soll, für die es keine einfachen Bezeichnungen gibt, steigen die sprachlichen Herausforderungen. Solche Beispiele müssen ausführlich beschrieben werden. Bei Handlungen kann sogar ein kleiner Bericht angebracht sein, um sie hinreichend deutlich darzustellen. Wie jeder weiß, können Situationen sehr unterschiedlich beschrieben werden, indem wir unterschiedliche Eigenschaften hervorheben. Ein Beispiel ist dann gut dargestellt, wenn die Aufmerksamkeit der Leser auf diejenigen Aspekte der Situation gelenkt wird, die für die argumentative Funktion des Beispiels relevant sind. Unerhebliche Aspekte werden hingegen offengelassen. Ihre Beispiele sollten, anders gesagt, möglichst nichts Irrelevantes enthalten, also nichts, was man genauso gut auch weglassen könnte, ohne dass dadurch der Beispielcharakter verlorenginge, und sie sollten andererseits vollständig und nicht für ganz unterschiedliche Ergänzungen offen sein, denn dann könnten sie herangezogen werden, um Unterschiedliches oder sogar Entgegengesetztes zu exemplifizieren.

Was das heißt, möchten wir erneut am Beispiel Smiths verdeutlichen: Smith hat bei der Schilderung der Stimmung am Grab offengelassen, ob der Verstorbene oder ob die Trauernden jung oder alt waren; für seine These ist dies irrelevant und daher muss es auch nicht erwähnt werden, um den Leser von ihr zu überzeugen. Wenn er es erwähnt hätte, würden wir als Leser umgekehrt vermuten, dass den entsprechenden Umständen eine sachliche Bedeutung zukommt. Wir würden uns z.B. fragen, ob die Theorie vielleicht nur für Menschen in einem bestimmten Lebensalter gelten soll. Der Leser würde zumindest abgelenkt, schlimmstenfalls wüsste er nicht mehr genau, wovon der Autor ihn überzeugen will. Smith hat andererseits die Emotionen und Gedanken der Trauernden sehr genau geschildert und dadurch deutlich gemacht, dass die Trauernden nicht etwa deswegen traurig sind, weil der Verstorbene kein schönes Leben hatte oder am Lebensende sehr leiden musste. Sein Beispiel kann nur dadurch seine argumentative Funktion erfüllen, dass Smith in der Beschreibung der Situation ganz deutlich macht, dass das Mitgefühl nicht auf die Kümmernisse und Leiden, die der Tote zu Lebzeiten erfahren musste, zielt.

Weiterführende Literatur:

Fermandois, Eduardo: Über den Gebrauch von Beispielen in der Philosophie. In: Anna Wehofsits, David Löwenstein, Dirk Koppelberg, Gregor Betz (Hgg.): Weiter Denken – über Philosophie, Wissenschaft und Religion. Berlin, Boston: De Gruyter, 2015: 89-103.

4.5 Gute philosophische Texte sind sprachlich korrekt, klar und eindeutig geschrieben

Philosophisch ungeübte Studienanfänger berichten öfter, dass ihnen die richtigen, passenden Vokabeln und Formulierungen fehlen, um sich auszudrücken. Sie merken selbst, dass das, was sie schreiben, nicht wirklich trifft, was sie ausdrücken wollen. Diesen Befund spiegeln dann auch die Korrekturanmerkungen am Rand der Seminararbeiten wieder: „A" (für Ausdruck), „unklar", „unverständlich" oder „unpräzise". Die Anmerkungen spiegeln die stilistischen Ansprüche wieder, die Leser an eine Seminararbeit stellen: Sie soll sprachlich korrekt, klar und eindeutig formuliert sein.

Philosophische Seminararbeiten als bildungs- und fachsprachliche Texte

Auf dem Weg zu einem guten philosophischen Stil sind mehrere Hürden zu überwinden. Die erste liegt in der sicheren Beherrschung der Bildungssprache. Als Bildungssprache bezeichnet man den Teil einer natürlichen Sprache, der für den Ausdruck komplexer Zusammenhänge geeignet ist. Die Bildungssprache

Kennzeichen der Bildungssprache

verfügt über komplexere Sätze und Satzgefüge und einen reicheren Wortschatz als die einfache Umgangssprache. Bestimmte komplexe Überlegungen lassen sich nur in der Bildungssprache ausdrücken. Mehr noch: Sie lassen sich vermutlich auch nur in der Bildungssprache *denken*. Im Normalfall gehen differenziertes Sprechen und differenziertes Denken nämlich Hand in Hand. Die Bildungssprache hat sich in den einzelnen Sprachfamilien aller Wahrscheinlichkeit nach nur mit und in Abhängigkeit vom Ausbilden einer Schriftsprache entwickeln können.[31] Der Zusammenhang zwischen differenziertem Denken und Sprechen ist also genau genommen einer zwischen differenziertem Denken und differenziertem Schreiben und Lesen.[32]

Differenzierte Sprache und Denken

Eine differenzierte Sprache ist unerlässlich, um philosophische Überlegungen überhaupt erst anstellen zu können. (Dies gilt unabhängig davon, welche Rolle das Sprechen grundsätzlich für das Denken spielt: Bei einfacheren Sachverhalten mag es auch nicht-sprachliche Gedanken geben). Innerhalb einer Sprache die Bildungssprache zu erlernen, heißt also zugleich, dass man die Fähigkeit erwirbt, komplexe Überlegungen in dieser Sprache anzustellen.[33]

Wortschatz

Der Zusammenhang zwischen klarem und differenziertem Sprechen und Schreiben einerseits und klarem, differenzierten Denken andererseits zeigt sich zunächst auf der lexikalischen Ebene: Wer über einen großen aktiven Wortschatz verfügt, kann die Sachverhalte, die er zum Ausdruck bringen will, besser benennen als jemand, dessen Wortschatz beschränkt ist. (Wo z.B. der eine allenfalls noch feststellen kann, dass A mit B „zu tun hat", kann die andere zwischen „Ursachen" und „Voraussetzungen" unterschieden.) Mindestens ebenso wichtig wie der Wort-

---

31 Vgl. Dörner (2006), S. 627 ff.

32 Wir sagen daher treffend von jemandem, der sich auch in der mündlichen Rede bildungssprachlich auszudrücken versteht: Er oder sie redet „wie gedruckt". Für die meisten Menschen gilt, dass sie für bildungssprachliche Reden auf Skripte zurückgreifen: Vorträge werden abgelesen oder zumindest erst verschriftlicht und dann mehr oder weniger auswendig gelernt, und selbst die Rede anlässlich des runden Geburtstags wird zumeist erst auf Papier entworfen.

33 Der Erwerb der Bildungssprache und die Entwicklung der Reflexionsfähigkeit sind nicht mit dem Erlangen der Hochschulreife abgeschlossen. Insbesondere das Philosophiestudium trägt dazu bei, sowohl Ihr Ausdrucksvermögen wie auch in eins damit Ihren Scharfsinn zu schulen.

schatz ist aber auch die bildungssprachliche Syntax. Hierzu ge- Satzsyntax hört erstens die Satzsyntax, die den Aufbau einzelner Sätze, ihre Gliederung in Haupt- und Nebensätze usw., betrifft. Praktisch alle Studenten beherrschen natürlich die Kombination von Artikel und Nomen und die Flexion des Verbs in Abhängigkeit vom Nomen: Sie wissen, dass es nicht *der*, sondern *das* Wesen heißt. Aber schon die Kombination von Verben (einschließlich ihrer Nominalisierungen) mit Präpositionen fällt einigen schwer. Sorgt man sich über oder doch eher *um* etwas? Und kann man tatsächlich sagen, dass Gewalt „zum Selbstzweck ausgeübt" wird, oder muss es nicht doch heißen, dass „Gewalt zum Selbstzweck wird" oder „als Selbstzweck angesehen" wird? Bestimmte Verben und Adjektive einerseits und Nomen andererseits ziehen sich gleichsam magnetisch an, während andere sich abstoßen: Schlüsse werden aus Voraussetzungen nicht ermittelt, sondern *gezogen*; Erkenntnisse werden nicht erreicht, sondern *gewonnen* usw. Ein Text, der diese Affinitäten nicht respektiert, ist sprachlich fehlerhaft, und zwar ganz unabhängig davon, ob es sich um einen philosophischen oder einen anderen Text handelt.

Zweitens müssen Studenten die Regeln der Textsyntax erler- Textsyntax nen, die den Zusammenhang dieser Sätze in einem größeren Gebilde betrifft. Betrachten Sie einmal den Absatz, den Sie gerade gelesen haben, unter syntaktischen Gesichtspunkten: Sie finden *zum einen* einzelne Sätze (konventionell durch Punkte getrennt), die den grammatischen Regeln für den Satzbau in der deutschen Sprache folgen. Es gibt Haupt- und Nebensätze (z.B. den Hauptsatz „Studenten müssen die Regeln der Textsyntax lernen" sowie den Relativsatz: „die den Zusammenhang dieser Sätze in einem größeren Gebilde betrifft"). Dieser Satz hängt *zum anderen* aber auch mit anderen Sätzen zusammen: Mit dem Ausdruck „zweitens" ist z.B. der erste Satz dieses Absatzes mit anderen Behauptungen in den vorangehenden Absätzen verbunden. (Er wird dadurch als die zweite Behauptung in einer Aufzählung ausgewiesen.) Auch die Textsyntax wird durch differenzierte sprachliche Mittel hergestellt – im eben zitierten Beispiel etwa mit Hilfe von „zweitens". Dem satz- und textsyntaktischen Zusammenhang entspricht wiederum ein gedanklicher Zusammenhang: Zusammenhängende Überlegungen können nur durch syntaktisch zusammenhängende Rede entwickelt werden.

Auf den bildungssprachlichen bauen fachsprachliche Kompe- Fachsprache tenzen auf. Um nochmals das oben angeführte Beispiel aufzugreifen: Umgangssprachlich sagen wir vielleicht, dass zwei Sachen miteinander zu tun haben, bildungssprachlich können wir zwischen Ursachen und Voraussetzungen unterscheiden, mit Hilfe der philosophischen Fachsprache können Sie „kausale" und „logische" oder „epistemische" und „ontologische" Zusammenhänge sowie „Implikationen" und „Implikaturen" unterscheiden. Mit dem Erlernen dieser Worte lernt man zugleich genauer zwischen den verschiedenen Arten von Zusammenhang zu unterscheiden. Das Philosophiestudium gleicht in bestimmten Aspekten einem taxonomischen Lehrgang: So wie man lernen kann, die Bäume im Wald zu unterscheiden und zu benennen, so lernt eine angehende Philosophin, abstrakte Gegenstände und Beziehungen besser zu unterscheiden und zu benennen. Ihr begriffliches Repertoire darf dabei nicht auf den engeren Bereich philosophischer Begriffe beschränkt bleiben. Wenn Sie über fremde Sachgebiete schreiben, brauchen Sie auch die Fachbegriffe, die dafür einschlägig sind und müssen sie korrekt einsetzen.

Lesen als Weg zur Erweiterung sprachlicher Fähigkeit

Damit das Philosophiestudium Ihre bildungs- und fachsprachlichen Fähigkeiten fördern kann, müssen Sie viel lesen. Der Weg zu aktiven sprachlichen Kompetenzen führt über die Erweiterung Ihrer passiven Kompetenzen. Lesen Sie täglich und lesen Sie immer wieder auch längere Texte am Stück! Lesen Sie vor allem philosophische Texte! Machen Sie sich die Struktur dieser Texte klar, führen Sie sich vor Augen, wie die Sätze aufeinander aufbauen. Die Lektüre philosophischer Texte ist nicht nur wichtig und notwendig, um sich über philosophische Themen zu informieren, sondern auch, um die für das philosophische Schreiben erforderlichen Syntaxkenntnisse und den Wortschatz zu erweitern. (Natürlich können sich dadurch auch Kenntnisse in Orthographie und Interpunktion festigen bzw. verbessern.) Zum wortschatzfördernden Lesen gehört, dass man Termini, die man nicht kennt oder versteht, in einem Fachwörterbuch nachschlägt. Förderlich für das Ausdrucksvermögen sind auch die terminologischen und syntaktischen Erläuterungen der Lehrenden, die sich auf die gemeinsame Lektüre im Seminar beziehen. Wenn Sie zuhören, erweitern Sie zumindest Ihren passiven Wortschatz. Um die neuen Termini und die ungewohnt komplexe Syntax dann einzuüben, müssen Sie sie selbst verwenden. Für die Fachsprache gilt in dieser Hinsicht nichts Anderes als für eine Fremdsprache.

Philosophische Seminararbeiten als wissenschaftliche Texte

Vor der grundsätzlichen Herausforderung, sich die deutsche Bildungssprache und die Fachsprache ihrer jeweiligen Disziplin anzueignen, stehen letztlich alle Studenten der Geisteswissenschaften. Daneben tritt nun noch die spezielle Herausforderung, einen Stil zu entwickeln, der insbesondere fürs Philosophieren geeignet und angemessen ist. Die Entwicklung eines solchen Stils ist die zweite Hürde, die es zu nehmen gilt. Die Herausforderung erwächst aus dem Umstand, dass die in einer Sprachgemeinschaft etablierten Regeln Raum für Varianten lassen: Als Autorin trifft man stets eine Auswahl aus dem Repertoire des schriftsprachlich Zulässigen, die den Stil des eigenen Textes bestimmt. Die theoretisch ausgerichtete Stilforschung als Teil der theoretischen Rhetorik unterscheidet zwischen verschiedenen stilistischen Registern oder Stilwerten (z.B. umgangssprachlich, normalsprachlich, gehoben), Funktionalstilen (z.B. wissenschaftlicher, journalistischer, belletristischer Stil) und Vertextungsstrategien (z.B. erzählender, beschreibender, argumentierender, anweisender Stil).

Sprachliche Varianten

Wer schon einen Blick in den einen oder anderen philosophischen Klassiker geworfen hat, wird wissen, dass es innerhalb der Philosophie eine enorme stilistische Bandbreite gibt. Philosophen haben sich so ziemlich an allen stilistischen Registern, Funktionalstilen und Vertextungsstrategien probiert. Natürlich hängen die Unterschiede zum Teil mit persönlichen Vorlieben und Stärken oder auch mit den Konventionen eines bestimmten Zeitalters zusammen. Aber sie erwachsen auch aus den unterschiedlichen Vorstellungen darüber, wie die Ziele der Philosophie am besten erreicht werden können, in welcher Art von Reflexion das Philosophieren besteht und in welcher Sprache philosophische Erkenntnisse am besten ausgedrückt werden können. Wer beispielsweise im Ton und Gestus eines prophetischen Textes philosophiert, indem er die hierfür typischen Wortstellungen übernimmt, legt damit auch ein entsprechendes Verständnis von Philosophie an den Tag.

Wir hatten in der Einleitung angemerkt, dass wir uns in diesem Ratgeber an den Standards orientieren wollen, die heute an den meisten philosophischen Instituten in Deutschland hochgehalten werden. Die philosophischen Texte, die hier (und in weiten Teilen der englischsprachigen Welt) produziert werden, orientieren sich im sprachlichen Gestus an einer im weiteren Sinn analytischen Wissenschaftssprache. Typisch für den wis-

Wissenschaftlicher Stil in der Philosophie

senschaftlichen Stil ist u.a. eine bestimmte Vertextungsstrategie: Wissenschaftliche Texte enthalten in der Regel keine Erzählungen oder Anweisungen, sondern Beschreibungen, die dadurch gekennzeichnet sind, dass sie meist im Präsens gehalten sind und zahlreiche Zustandsverben aufweisen. Wenn wir in der Philosophie über ein Werk schreiben, dann tun wir es ahistorisch im Präsens. Es heißt also nicht: „Kant stellte fest, dass wir das Ding an sich nicht erkennen können", sondern: „Kant stellt fest, dass das Ding an sich unerkennbar ist." Wissenschaftliche Texte sind außerdem durch zahlreiche Konjunktionen und syntaktische Verbindungen gekennzeichnet, die logische und kausale Beziehungen zum Ausdruck bringen. Das ist gewissermaßen die sprachliche Seite des Argumentierens.

Neutraler Stil

Wissenschaftliche Texte sind außerdem, von den fachsprachlichen Elementen einmal abgesehen, in einem neutralen Stil abgefasst. Was ein *neutraler Stil* ist, lässt sich am einfachsten anhand des Wörterbuchs erläutern. Im Wörterbuch einer jeden Sprache gibt es zum einen viele stilistisch neutrale Ausdrücke, zu denen keine Synonyme existieren: z.B. „er", „sie", „eins", „das" usw. Zum anderen gibt es viele Ausdrücke, für die zwar Synonyme existieren, die aber innerhalb eines bestimmten Wortfelds von der Sprechergemeinschaft als „neutral" oder „unmarkiert" empfunden werden: z.B. „Gesicht" im Vergleich zu „Antlitz", „Visage" oder „Physiognomie".

In einem wissenschaftlichen Text würde man den Ausdruck „Gesicht" als neutralen Ausdruck bevorzugen. Die einzige Ausnahme sind, wie schon erwähnt, fachsprachliche Termini. Sie sind markiert, aber trotzdem erwünscht. Ähnliches gilt für den Satzbau: Es gibt stilistisch neutrale Formulierungen, und es gibt Sätze, die denselben Gehalt in einer unerwarteten, seltenen, altertümlichen, kurz: einer irgendwie auffälligen oder, wie die Linguisten sagen, „markierten" Konstruktion präsentieren.

Philosophische Hausarbeiten klar und eindeutig formulieren

Kennzeichnend für die Tradition, die wir Ihnen hier nahebringen wollen, ist eine Vorliebe für Klarheit und Eindeutigkeit. Bernard Williams, einer der berühmtesten und profiliertesten Philosophen in der analytischen Tradition, vertrat sogar die Ansicht, dass Klarheit und Eindeutigkeit die Merkmale sind, durch welche die analytische Philosophie sich als solche von anderen

Strömungen unterscheidet.[34] Sie wäre demnach eine in erster Linie durch rhetorische Eigenschaften gekennzeichnete philosophische Richtung.

Klarheit wurde als Stilideal allerdings schon in der antiken Rhetorik formuliert (vgl. Kap. 2). Ein klarer Text ist einer, bei dem man als Leser sofort erkennt, was die Autorin im Sinn hatte. Der rhetorische Gegenbegriff ist jener der Dunkelheit. Dunkel ist ein Text, wenn Aussagen, die notwendig wären, um ihn zu verstehen, weggelassen werden, so dass der Leser rätseln muss, wie die Lücken zu füllen sind.[35] Klarheit schafft man in einem philosophischen Text dadurch, dass man vieles explizit macht. Dies gilt z.B. für den argumentativen Zusammenhang. Er sollte sprachlich explizit dargestellt werden. Mit anderen Worten: Wenn ein Begründungs- oder Bedingungsverhältnis vorliegt, dann wird dies in wissenschaftlichen Texten nicht nur angedeutet, sondern präzise ausformuliert (vgl. Kap. 4.3).

Vergleichen Sie im Blick auf die Klarheit der Argumentation einmal die beiden folgenden Textpassagen. Die erste ist eine von uns abgeänderte und verfremdete Fassung, die zweite ist die Originalpassage:

> Der Wert philosophischen Fragens ist als Besinnung auf Grundsätzliches unbestritten. Die Antworten der großen Philosophen haben selten lange Bestand. Die Vermutung liegt nahe, dass die Lösungen den Bedingungen des Zeitgeistes unterworfen sind. Die Fragestellungen nehmen einen jeweils anderen Sinn an. Sie können einander unter Umständen ähneln. In einer Zeit, in der man vom ständigen historischen Wandel der Wertmaßstäbe ausgeht, hat die Frage nach Gut und Böse eine andere Bedeutung als in einem Zeitalter, das von der Unveränderlichkeit der Grundbedingungen des menschlichen Lebens überzeugt war. Scheinbar gleichlautende Probleme entpuppen sich als verschieden.

Sie werden uns recht geben, dass der Sinn der Passage irgendwie verschwimmt. Die Sätze haben offenbar alle mit demselben Thema zu tun, aber in welchem genauen Zusammenhang die einzelnen Überlegungen stehen, bleibt unklar. Im Original, einem Text von Dorothea Frede, sorgen hingegen Konjunktionen, Ad-

Ideal der Klarheit

34　Vgl. Williams (2006), S. 202.
35　So schon Schopenhauer (1977), § 283.

verbien und andere Partikel dafür, dass die Zusammenhänge präzise hervortreten:

> „Wenn der Wert philosophischen Fragens als Besinnung auf Grundsätzliches unbestritten ist, die Antworten auch der großen Philosophen dagegen selten lange Bestand haben, so liegt die Vermutung nahe, daß nicht nur die Lösungen den Bedingungen des Zeitgeistes unterworfen sind, sondern auch die Fragestellungen jeweils einen anderen Sinn annehmen, selbst wenn sie einander ähneln. In einer Zeit, in der man etwa vom ständigen historischen Wandel der moralischen Wertmaßstäbe ausgeht, hat die Frage nach Gut und Böse eine andere Bedeutung als in einem Zeitalter, das von der Unveränderlichkeit der Grundbedingungen des menschlichen Lebens überzeugt war. Scheinbar gleichlautende Fragen entpuppen sich folglich als verschieden."[36]

Die Zusammenhänge werden klar durch Konjunktionen und Partikel wie „aber", „allerdings", „denn", „dennoch", „doch", „einerseits-andererseits", „ja", „jedoch", „schließlich", durch Konditionalgefüge wie „wenn... dann", durch in Satzform gebrachte Schluss-Schemata, z.B. „zunächst/zuerst..., sodann..., folglich..." sowie durch räumliche Adverbien, die zur Beschreibung „abstrakter Räume" und Modelle dienen, wie beispielsweise „daneben", „dort", „außerdem", „darüber hinaus". Je komplexer der Beweis in formaler Hinsicht ist, umso wichtiger und hilfreicher ist es, die Partikel, die der Verbindung zwischen den Aussagen dienen, zu präzisieren. Diese Einsicht förderte übrigens die Entwicklung einer logischen Kunstsprache. Für die meisten philosophischen Argumente sind die Ausdrücke der natürlichen Sprache jedoch präzise genug, sofern sie eindeutig verwendet werden (dazu gleich mehr).

Fachbegriffe　Zu einer klaren philosophischen Seminararbeit gehören neben klaren Beziehungen auch klare Begriffe. Hierzu tragen verschiedene Verfahren bei. Manche Begriffe können definiert werden. Andere, die sogenannten vagen Begriffe (z.B. der Begriff der Freundschaft oder der Solidarität) können durch Beispiele eingeführt werden (vgl. Kap. 4.4). Wie oben bereits bemerkt wurde, tragen auch philosophische Fachtermini zur Klarheit bei.[37] Sie sind innerhalb der philosophischen Gemeinschaft bereits definiert oder in anderer Weise eingeführt wurden. Manche

---

36　Frede (2001), S. 49 f.

37　Jede Wissenschaft hat ihre Fachsprache, die allerdings nicht unabhängig von dem Fach selbst, quasi als isoliertes Vokabular erlernt werden kann. (Die fachsprachliche Kompetenz wächst vielmehr mit der Kompetenz im Fach

dieser Fachtermini haben ihre Bedeutung im Lauf der mehr als 2.500-jährigen Philosophiegeschichte gewandelt, und etliche von ihnen haben Eingang in die Alltagskommunikation gefunden (z.B. auch das Wort „Philosophie" selbst). Eine am Ideal der Klarheit orientierte Verwendung von philosophischen Fachtermini verlangt daher gelegentlich zusätzliche Erläuterungen. Wenn Sie etwa Ausdrücke wie „Substanz", „Akzidenz", „Liberalismus" oder „ästhetisches Urteil" verwenden, dann ist es erforderlich, anzugeben, an wen Sie sich anlehnen. (Sie können z.B. schreiben: „Ein ästhetisches Urteil im Sinne Kants ist ...")

Ein mit der Klarheit verwandtes Ideal ist das der Eindeutigkeit. Dieses Ideal verlangt, dass immer dann, wenn dasselbe gemeint ist, auch der gleiche Ausdruck verwendet wird (oder dass Synonyme wenigstens als solche benannt werden). In der Tradition, die wir Ihnen nahelegen wollen, gilt für die philosophische Sprache also nicht der Rat „variatio delectat" (Abwechslung erfreut), wie Sie ihn eventuell aus allgemeinen Stilratgebern oder aus dem Deutschunterricht kennen. In einem Text über Kausalität sollten Sie also nicht einmal „Ursache", beim zweiten Mal „Grund" und beim dritten Mal „Bedingung" sagen, wenn Sie eigentlich immer dasselbe meinen. Das berechtigte Anliegen, einen Text aufzulockern und ihn leserfreundlich zu gestalten, wird hier aufgewogen durch das noch viel gewichtigere Anliegen, den Text eindeutig zu machen.[38] Wer in der Philosophie dem Ideal der Eindeutigkeit folgt, wird gewisse Vorbehalte gegenüber lebendigen Metaphern haben. Lebendige Metaphern sind (im Unterschied zu toten oder lexikalisierten Metaphern) solche, deren Bildlichkeit uns noch bewusst ist.[39] Sie leben geradezu von ihrer Vieldeutigkeit. Ein Beispiel für eine lebendige Metapher ist Nietzsches Ausspruch: „Der Mensch

Ideal der Eindeutigkeit

---

selbst.) Das augenfälligste Kennzeichen von Fachsprachen ist die reiche Verwendung von Fachtermini.

38 In den Metatexten (vgl. hierzu Kap. 4.3) dürfen Sie sich hingegen sehr wohl um ein wenig Abwechslung im sprachlichen Ausdruck bemühen. Ihre Leser werden es begrüßen, wenn es Ihnen z.B. gelingt, eine Vorschau nicht immer mit der Floskel „Im Folgenden wird..." einzuleiten.

39 Tote Metaphern haben ihre Vieldeutigkeit verloren und sind bereits ins Wörterbuch eingegangen. Man spricht daher auch von lexikalisierten Metaphern. Beispiele hierfür finden sich zu Hauf in jeder (Bildungs)Sprache und auch in philosophischen Texten, ohne dass dies ihrer Eindeutigkeit Abbruch tut. Beispiele für solche toten Metaphern sind Worte wie „Basis", „Fundament", „erhellen", „begründen", „in den Mittelpunkt rücken".

ist ein Seil, geknüpft zwischen Thier und Übermensch, – ein Seil über einem Abgrunde."[40] Solche lebendigen Metaphern sind stets vieldeutig und interpretationsbedürftig. Wenn der Mensch ein Seil ist, wer geht dann hinüber? Oder geht niemand hinüber? Ist jeder Mensch ein Seil, oder ist die Menschheit als Ganze eines? Was ist der Abgrund, was passiert, wenn derjenige, der über das Seil geht (oder das Seil selbst) hineinstürzen?

Philosophische Texte sollten also zum einen sprachlich differenziert und korrekt, zum anderen neutral und eindeutig geschrieben sein. Werden sie dadurch nicht auch furchtbar langweilig? Ist ein Text voller origineller Metaphern, die uns viel zu denken geben, und mit markierten Wendungen nicht viel anregender? Unseres Erachtens ist das nicht notwendigerweise der Fall. Langweilig sind wissenschaftliche Texte nicht aufgrund ihrer sprachlichen Neutralität und Eindeutigkeit, sondern weil sie allzu oft an einen Behördenstil angelehnt sind. Sie sind als solche reich an Substantiven, Nominalwendungen werden gegenüber Verbalwendungen bevorzugt. Die Sätze sind lang und verschachtelt und enthalten viele Passivkonstruktionen. Doch diese typischen Merkmale sind für das eigentliche Ziel – das Überzeugen – nicht zwingend und oft nicht einmal hilfreich. Damit die Leserin einen in neutraler Sprache verfassten, um Eindeutigkeit bemühten Text dennoch gern liest, empfiehlt es sich sogar, Verbalwendungen gegenüber Nominalkonstruktionen und die aktive gegenüber der passiven Wendung zu bevorzugen, sofern der Sinn derselbe ist, und nicht ohne Not lange Sätze zu formen. Philosophische Texte sollten sich nicht wie Amtsschreiben lesen. Ein kurzer Satz mit einer Verbalwendung im Aktiv bringt das Gemeinte oft prägnanter auf den Punkt als ein Ungetüm mit zahlreichen Nebensätzen – vor allem dann, wenn die entscheidende Information in den Nebensätzen unterzugehen droht. Eine philosophische Seminararbeit sollte ihre Leser anregen und nicht durch ihren Stil ermüden.

Weiterführende Literatur:

Glück, Helmut (Hg.): Metzler-Lexikon Sprache. Stuttgart (u.a.): Metzler, 2010 (4. aktualisierte und überarbeitete Auflage).

Macheiner, Judith: Das grammatische Varieté oder Die Kunst und das Vergnügen, deutsche Sätze zu bilden. Frankfurt a.M.: Eichborn, 1998.

---

40 Nietzsche (1980), S. 16.

Staaden, Steffi: Rechtschreibung und Zeichensetzung endlich beherrschen: Regeln und Übungen. Paderborn: Ferdinand Schöningh, 2., überarbeitete und erweiterte Auflage, 2016.

4.6 Gute philosophische Texte sind den Prinzipien guter wissenschaftlicher Praxis verpflichtet

Sicherlich ist Ihnen bekannt, dass Sie nicht aus fremden Werken abschreiben dürfen, ohne diese Übernahme in Ihrem Text kenntlich zu machen. Vermutlich haben Sie auch schon gehört, dass es bestimmte Vorschriften für das Zitieren gibt. Doch die Hintergründe für solche Verbote und Regeln sind Studienanfängern meist unbekannt. Sie liegen in den Prinzipien guter wissenschaftlicher Praxis, mit denen Sie sich als Student vertraut machen sollten. Denn mit Aufnahme Ihres Studiums werden Sie Teil der Wissenschaftsgemeinschaft, die diesen Regeln verpflichtet ist.

Prinzipien guter wissenschaftlicher Praxis

Die Prinzipien guter wissenschaftlicher Praxis leiten sich aus dem Selbstverständnis der Wissenschaftsgemeinschaft her und sind für jeden, der Wissenschaft betreibt, verbindlich. Diese Gemeinschaft ist aber anders als z.B. eine Partei oder ein Verein keine institutionelle Gruppe, der die Mitglieder formal beitreten. Jeder kann behaupten, er gehöre dazu, weil er wissenschaftlich arbeite. „Wissenschaftler" ist keine geschützte Berufsbezeichnung, anders als z.B. „Ingenieur" oder „Hebamme".

Wissenschafts-
gemeinschaft

    Die wissenschaftliche Gemeinschaft steht in einer fortwährenden Auseinandersetzung darüber, was Wissenschaft ist, was sie leistet, wozu sie dient. Es ist auch deswegen schwierig, Einigkeit über diese Fragen zu erzielen, weil sich wissenschaftliche Tätigkeiten in den verschiedenen Disziplinen unterscheiden.[41]

---

41 Wissenschaftstheoretiker streiten darüber, ob es überhaupt möglich ist, für Geistes- und Naturwissenschaften einen gemeinsamen Begriff von Wissenschaft zu entwickeln. Ein Philosoph, der das bejaht, ist Paul Hoyningen-Huene; er erklärt Wissenschaft allgemein durch ihre Systematizität. Das, was wir beim wissenschaftlichen Arbeiten tun, unterscheidet sich nicht grundsätzlich von alltäglichen Handlungen, z.B. beschreiben, erklären, strukturie-

Dennoch bemüht sich die Wissenschaftsgemeinschaft darum, zu definieren, was (gute) Wissenschaft auszeichnet, u.a. um diese von nicht-wissenschaftlicher Tätigkeit und von wissenschaftlichem Fehlverhalten abgrenzen zu können. Dafür werden Prinzipien guter wissenschaftlicher Praxis formuliert. Sie betreffen die wissenschaftliche (Zusammen-)Arbeit von Einzelpersonen, aber auch die Aufgaben und Strukturen wissenschaftlicher Institutionen. Viele solcher Prinzipien sind interdisziplinär und international anerkannt, so z.B.: Ehrlichkeit sich selbst und anderen gegenüber, ständiger Zweifel gegenüber den eigenen und fremden Ergebnissen, Überprüfbarkeit, faires Miteinander. Ihre Verbindlichkeit resultiert aus einer Selbstverpflichtung jedes einzelnen Wissenschaftlers. Jeder, der dagegen verstößt, schadet der Wissenschaft und ihrem Ansehen.

Im Gegensatz zur Wissenschaftsgemeinschaft können einzelne Einrichtungen, so auch Universitäten, für sie gültige Richtlinien festlegen und ihre Mitglieder zur Einhaltung verpflichten.[42] Solche Kodizes wecken das Bewusstsein für die Prinzipien guter wissenschaftlicher Praxis und ermöglichen die Ahndung von Fehlverhalten. Auch wenn die Wissenschaftsgemeinschaft kein Verband ist, aus dem man ausgeschlossen werden kann, verfügen ihre Institutionen also durchaus über Möglichkeiten, ihre Mitglieder bei Fehlverhalten zu sanktionieren. So sind akademische Grade geschützt, können vorenthalten oder wieder entzogen werden, Studenten können mit schlechten Noten oder nicht bestandenen Prüfungen gemaßregelt, in schweren Fällen sogar vom Studium ausgeschlossen werden. Ferner unterliegt die wissenschaftliche Arbeit natürlich auch Vorschriften wie etwa dem

Prinzipien guter wissenschaftlicher Praxis

Fehlverhalten ahnden

---

ren. Aber wenn wir etwas wissenschaftlich beschreiben, dann tun wir das systematischer als im Alltag, z.B. indem wir eine Klassifikation suchen/entwickeln und sie zur Beschreibung nutzen. Was im Detail eine wissenschaftlich-systematische Arbeitsweise auszeichnet, kann laut Hoyningen-Huene nicht abstrakt und allgemein, sondern nur konkret anhand eines bestimmten Forschungskontextes und spezifisch für jede einzelne Wissenschaft beschrieben werden; vgl. Hoyningen-Huene (2009).

42 In Deutschland orientieren sich viele dieser Richtlinien an der *Verfahrensordnung bei Verdacht auf wissenschaftliches Fehlverhalten* des Max Planck Instituts und an der Denkschrift *Sicherung guter wissenschaftlicher Praxis* der Deutschen Forschungsgemeinschaft. Beide können Sie im Internet finden. Auf der Homepage Ihrer Universität werden Sie auch die Standards finden, zu denen sich Ihre Universität verpflichtet.

Urheber- oder Wettbewerbsrecht, deren Verletzung zivil- oder strafrechtliche Konsequenzen haben kann.

Was gute wissenschaftliche Praxis konkret ausmacht, variiert natürlich in den verschiedenen Disziplinen. In der Philosophie kommt man, anders als in den empirischen Wissenschaften, gewöhnlich nicht in Versuchung, Statistiken zu fälschen, Versuche zu manipulieren oder Daten zu erfinden. Wenn Philosophen gegen die Prinzipien guter wissenschaftlicher Praxis verstoßen, dann z.B. dadurch, dass sie plagiieren oder Gegenargumente unterdrücken oder dass sie ihre Quellen nicht sorgfältig prüfen. Im Folgenden wollen wir Ihnen einige Prinzipien nahelegen, die Sie beim Schreiben Ihrer philosophischen Arbeiten berücksichtigen sollten.

Prinzipien guter philosophischer Praxis beim Schreiben einer Seminararbeit

Aus den vorangestellten Überlegungen geht hervor, dass die folgenden Prinzipien nicht nur die Erwartungen der philosophischen Gemeinschaft (und Ihrer Prüfer) ausdrücken, sondern dass sie auch benennen, wie Sie in Ihren Seminararbeiten wissenschaftlich und philosophisch arbeiten. Es ist also nicht bloß eine Formfrage, ob Sie diese Prinzipien berücksichtigen oder nicht.[43]

Sich redlich äußern: Stellen Sie nur Behauptungen auf, von deren Richtigkeit Sie ausgehen bzw. deren Richtigkeit Sie aufrichtig überprüfen wollen. Bringen Sie nur Beiträge, die Sie auch ernst meinen: Argumentieren Sie nicht gegen Ihre eigene Überzeugung, führen Sie keine Pseudo-Beweise, an deren Beweiskraft Sie selbst nicht glauben. Gegen dieses Prinzip verstoßen studentische Autoren gelegentlich und zwar in dreifacher Hinsicht: Manchmal vertreten sie eine Position nur deswegen, weil man sie, wie sie meinen, vertreten *könnte*.[44] Beim Philosophieren

Ernst gemeinte
Beiträge bringen

---

43 Einigen davon sind wir übrigens schon in Kapitel 2 begegnet, als es um das Ethos der Philosophen ging.

44 Man muss hier unterscheiden: Es gibt Fälle, in denen zum Zwecke der Begründung der eigenen These auch abwegige Alternativ-Thesen geprüft werden müssen, oder in denen man sich mit abwegigen Thesen befasst, um an der Argumentation etwas aufzuzeigen. Das ist aber etwas ganz anderes als

geht es aber nicht um Gedankenakrobatik, sondern darum, zu einer Erkenntnis zu gelangen. Manche Studenten positionieren sich auch mit mehr Entschiedenheit, als es ihrer tatsächlichen Überzeugung entspricht. Statt eine starke These zu vertreten, an die Sie selbst nicht glauben, wählen Sie lieber eine schwächere, anspruchslosere These (vgl. Kap. 4.2). Zudem wollen wir Sie ermutigen, für Ihren Standpunkt zu argumentieren, selbst wenn Sie wissen, dass er von der Ansicht Ihrer Prüferin abweicht. Ihre Arbeiten werden vorrangig danach bewertet, ob Sie überzeugend argumentieren; Philosophen können mit Meinungsdifferenzen in der Regel gut leben, nicht aber mit Unredlichkeit und schlechten Argumentationen.

Nach fremden, auch gegenläufigen Argumenten und Ideen suchen: Wissenschaft ist keine einsame Suche nach der Wahrheit, sondern ein Gemeinschaftsunterfangen. Wissenschaftler nehmen zur Kenntnis, was andere vor ihnen zu einem Thema gedacht haben. Dazu gehört auch, sich mit gegenläufigen Ansichten auseinanderzusetzen. Wenn Sie wissen wollen, ob eine philosophische Position oder die Interpretation eines Textes überzeugend ist, sollten Sie auch nach Einwänden suchen (und eventuell auch nach Einwänden, die wiederum gegen diese Einwände hervorgebracht wurden).

Sich überzeugen lassen: Wenn Ihnen gute Gründe dafür begegnen, Ihre bisherige Einstellung zu einer Sache zu ändern, dann lassen Sie sich überzeugen. Im wissenschaftlichen Diskurs geht es nicht darum, Recht zu haben oder eine Debatte zu gewinnen, sondern um den Gewinn von Erkenntnissen. Das bedeutet, dass Sie natürlich auch in Ihrem Text Einschränkungen oder Veränderungen Ihrer Überlegungen vornehmen, wenn Sie diese als nötig oder richtig erkannt haben.

Andere Positionen und Argumente stark lesen und darstellen (principle of charity): Sie sollten prima facie davon ausgehen, dass es gute Gründe für die Überzeugungen anderer Philosophen gibt. Versuchen Sie, diese zu verstehen. Dazu gehört, dass man Äußerungen nicht absichtlich missversteht, wenn sie sich so interpretieren lassen, dass sie für eine sinnvolle und erwägenswerte Position stehen. Das gilt natürlich auch dann, wenn

Zur Kenntnis nehmen, was andere gedacht haben

Erkenntnisse gewinnen

Wohlwollend interpretieren

---

der Versuch, eine These zu beweisen oder eine These mit Einwänden zu kontern, die man selbst für irrelevant oder grundfalsch hält, die aber „vertreten werden *könnten*".

Sie in einer Seminararbeit die Gedanken anderer darstellen: In Ihren Texten sollten Sie fremde Argumente so stark wie möglich machen, auch wenn diese Argumente Ihre eigene Position schwächen. Vor allem dürfen Sie nicht Argumente, die Sie in der Literatur gefunden haben, unterdrücken, weil Sie sie nicht entkräften können. Ernsthaftes Bemühen darum, eine fremde Position zu verstehen, verlangt z.B. auch, ausreichend von dem entsprechenden Autor zu lesen, oder auch, einen Autor nicht vorschnell aus zweifelhaften Gründen zu disqualifizieren: Dass ein Autor „an dieser Stelle nichts zu dem Problem P" sagt, ist kein Einwand gegen seine Position, denn vielleicht sagt er ja an anderer Stelle etwas dazu. Und dass eine Autorin Positionen vertritt, die „für ihre Zeit typisch sind", ebenso wenig (vgl. FAQ 5.7).

Verständlich schreiben. In philosophischen Texten werden die Ergebnisse wissenschaftlicher Arbeit für den Gedankenaustausch bereitgestellt – sei es für Fachkollegen oder andere Wissenschaftler, sei es für Laien. Wissenschaftliche Ergebnisse sind gemeinsamer Besitz, deswegen könnte man sagen, dass Wissenschaftler zur Bereitstellung Ihres Wissens verpflichtet sind.[45] Damit einher geht nach unserer Ansicht auch eine Verpflichtung dazu, diese Ergebnisse so verständlich und nachvollziehbar wie möglich darzulegen. Es mag in manchen Punkten strittig sein, was die Verständlichkeit eines Textes ausmacht und wie man sie erreicht (wir geben in diesem Ratgeber zahlreiche Tipps dazu), dennoch kann man zumindest das aufrichtige Bemühen darum einfordern.

Ergebnisse verständlich vermitteln

Quellen offenlegen: Wenn Sie anderen bestimmte Erkenntnisse, Argumente oder Formulierungen verdanken, so schätzen Sie diese Arbeit wert und erkennen Sie die fremde Leistung an, indem Sie die Quellen ehrlich nennen. Wenn Sie hingegen absichtlich fremde Gedanken oder Textpassagen als eigene ausgeben, begehen Sie ein Plagiat. Der ehrliche Umgang mit geistigem Eigentum verlangt z.B. auch, dass man keine Arbeit (auch nicht auszugsweise) von Kommilitonen als eigene einreicht oder dass auf einem Referatspapier nur diejenigen als Autoren ausgewiesen werden, die zu dessen Entstehung Wesentliches beigetragen haben.

Fremde Leistungen nicht als eigene ausgeben

---

45 Vgl. Merton (1985), S. 93-96.

Belege anführen, Quellen angeben

Quellen immer
angeben

Die Frage, wann man für einen Wissensinhalt eine Quelle anführen sollte, beschäftigt viele Studienanfänger. Beginnen wir
unsere Überlegungen mit einer Faustformel, die Ihnen in dieser
oder ähnlicher Weise vermutlich bekannt ist: *Sie müssen für alle
Formulierungen und Gedanken, die Sie aus anderen Texten übernehmen, die Quelle angeben.* In der Praxis gibt es dann aber Ausnahmen von dieser Regel und Zweifelsfälle, die wir genauer betrachten wollen.

Es kann z.B. sein, dass Sie einen Wissensinhalt aus einer
bestimmten Quelle beziehen, dieses Wissen aber nicht nur in
dieser, sondern auch in ganz vielen anderen Quellen zu finden
ist, weil es sich um ein Allgemeinwissen handelt. In einem solchen Fall müssen Sie die Autorin der entsprechenden Quelle
nicht unbedingt angeben, weil Sie nicht das geistige Eigentum
der Autorin wiedergeben, sondern ein Wissen, das quasi allen

Allgemeinwis-
sen muss nicht
belegt werden

gehört. Wissen, das allgemein als gesichert gilt, über das viele
Leute in unserem Kulturkreis verfügen (können) und das leicht
überprüfbar ist, weil es z.B. in zuverlässigen und leicht zugäng-
lichen Quellen zu finden ist, muss nicht belegt werden. Solches
Wissen findet sich häufig in allgemeinen Lexika. Es gibt sehr
klare Fälle von Allgemeinwissen, etwa das Wissen, dass am
Nordpol in den Wintermonaten die Sonne nicht aufgeht, oder
dass 1945 der Zweite Weltkrieg mit einer Niederlage Deutsch-
lands endete. Wenn Sie sich in einer Hausarbeit auf solches
Wissen stützen, müssen Sie dafür keine Belege anführen, sogar wenn Sie es sicherheitshalber im *Brockhaus* nachgeschlagen
haben.[46]

Auch fachspezifisches Allgemeinwissen muss in wissenschaftlichen Texten nicht belegt werden. Doch es ist viel schwie-

Fachspezifisches
Allgemeinwissen

riger zu ermitteln, wo hier die Grenzen liegen. Zwar finden Sie
dieses Wissen auch in (fachspezifischen) Lexika und Einführungen, jedoch bildet solche Hilfsliteratur manchmal nicht ausreichend ab, dass ein bestimmtes Wissen in der Fachdebatte sehr
wohl umstritten und auch auf bestimmte Quellen zurückführbar
ist. Es kann auch sein, dass der Autor eines Einführungsbandes

---

46 Auch wenn gemeinhin die Wissensinhalte, die man in Lexika findet, nicht
belegpflichtig sind, sollten Sie sie als Quellen aufführen, wenn Sie den Wortlaut daraus übernehmen. Philosophen machen das z.B. gern, wenn es um
Begriffsdefinitionen geht.

findet, dieses oder jenes Wissen stelle ein Allgemeinwissen dar, obwohl andere Philosophen dieser Einschätzung widersprechen würden. Es gibt kein verbindliches Richtmaß dafür, ab wann z.B. ein Terminus, der ursprünglich von einem bestimmten Philosophen geprägt wurde, als etablierter Fachbegriff gelten darf, so dass eine Quellenangabe überflüssig ist.

Verständlicherweise können Studienanfänger so etwas schlecht beurteilen. Deswegen belegen sie auch anders als ein etablierter Wissenschaftler. Wenn Sie als Studienanfänger eine Seminararbeit zu dem Werk *De veritate* von Thomas von Aquin schreiben, wollen Sie darin vielleicht erklären, was die Transzendentalien *unum, bonum* und *verum* sind. Da diese Begriffe für Sie neu sind, scheint es Ihnen angemessen, sie zu erläutern. Dafür werden Sie Hilfsliteratur verwenden, z.B. schauen Sie in eine Einführung zur Scholastik und in ein philosophisches Wörterbuch. Diese Werke weisen Sie dann in Ihrem Text als Quellen aus. Ein etablierter Scholastik-Forscher würde hingegen die Ausdrücke frei verwenden und – falls er sie überhaupt erläutert – dafür keine Belege anführen, sofern seine Erklärungen nur das allgemein anerkannte Wissen über diese Ausdrücke wiedergeben. (Wenn er jedoch ein neues Begriffsverständnis einführen wollte, würde er seine neue Deutung natürlich auch mit Zitaten aus den Texten einiger Scholastiker belegen.) Die Grenze zwischen fachspezifischem Allgemein- und Spezialwissen verschiebt sich im Fortgang der Ausbildung. Das heißt, viele Wissensinhalte, die Sie heute mit einer Quelle belegen, gehören in einigen Jahren zu Ihrem fachlichen Allgemeinwissen, für das Sie dann konkrete Quellen weder benennen müssen noch können.

Natürlich hat auch der etablierte Scholastik-Forscher sein Wissen über den Universalienstreit irgendwann in der Vergangenheit aus bestimmten Quellen bezogen. Hierbei hat er sich nicht nur Allgemeinwissen angeeignet, sondern auch verschiedene Positionen von einzelnen Philosophen studiert. In manchen Fällen wird er (viele Jahre später) die Quellen dieses Wissens nicht mehr benennen können. Quellenamnesie ist ein normales Phänomen unseres Bildungsweges. Ein durchschnittliches Gehirn ist leider recht unzuverlässig beim Abspeichern und Erinnern von Quellen. In manchen Fällen kann es geboten sein, eine Quelle auszuweisen, die dem Schreibenden aber einfach nicht mehr bekannt ist.

Quellenamnesie

Wenn Sie einen Wortlaut aus einem fremden Text übernehmen, ist die Sachlage in den meisten Fällen eindeutiger als beim bloßen Quellenverweis: Entweder übernehmen Sie sie zeichen-

Zitat und
Paraphrase

genau, dann ist es ein Zitat, oder Sie übernehmen einen Wissensinhalt (vielleicht mit ähnlicher Formulierung), dann handelt es
sich um eine Paraphrase. In beiden Fällen müssen Sie die Quelle
angeben. Doch auch hierbei können Fragen auftauchen wie: Ab
wann ist eine Formulierung spezifisch genug, um belegt werden
zu müssen? Sollten manchmal sogar einzelne Begriffe in An-
führungszeichen gesetzt werden? Gibt es so etwas wie eine Min-
destlänge der Wortfolge, damit ein Zitat nötig wird? Darauf gibt
es keine allgemeingültigen Antworten. Manche Formulierungen
sind so wenig individuell, dass man zweifeln kann, ob sie belegt
werden müssen.[47] Ein Satz wie: „Wenn Sie eine fremde Formulierung übernehmen, müssen Sie die Quelle in Ihrem Text ausweisen" formuliert ein Allgemeinwissen und ist in dieser oder
ähnlicher Weise vermutlich in tausenden Ratgebern zu lesen;
die Formulierung ist also nicht besonders spezifisch. Wenn Sie
selbst einen Ratgeber schreiben, könnten Sie dieselbe Formulierung verwenden, ohne sie als Zitat ausweisen zu müssen.

Der Umgang mit Quellen ist also insgesamt eine heikle Angelegenheit, denn es gibt allerhand Zweifelsfälle (wir haben hier
nur einige Beispiele genannt). Dem können Sie aber Ihr redli-
ches Bemühen entgegenstellen und nach bestem Wissen und
Gewissen arbeiten. Im Zweifelsfall gilt: Lieber nennen Sie eine
Quelle mehr als eine zu wenig. Unnötig viele Quellenangaben
lassen zwar auf eine gewisse Unbeholfenheit oder Ängstlichkeit
des Autors schließen, aber das ist im Gegensatz zum Plagiat sicher kein Vergehen.

Plagiat aus Versehen?

Die Sorge, „aus Versehen ein Plagiat zu begehen", beschäftigt
viele Studienanfänger. Sie fragen sich: „Könnte es nicht sein,
dass ich eine Überlegung präsentiere, die irgendwo bereits in
gleicher oder ähnlicher Weise veröffentlicht wurde, ohne dass
ich davon weiß?" Die Antwort lautet: Ja, das kann passieren und
ist wahrscheinlich sogar oft der Fall. Aber Sie begehen dann kein
Plagiat. Die fehlende Neuartigkeit der eigenen Überlegungen
macht deren Darstellung nicht zum Plagiat. Solange Sie in Ih-

---

47   Reinold Schmücker wirft diese Frage auch auf: vgl. Schmücker (2015), S. 176.

rem Text nachvollziehbar demonstrieren, was für eine bestimmte These spricht, und sofern Sie selbst keine andere Quelle als sich selbst für die entsprechenden Überlegungen kennen, dürfen Sie diese Demonstration auch als Ihr eigenes Werk ansehen und als Seminararbeit einreichen.

Der Tatbestand einer absichtlichen Unterschlagung der Quelle ist wesentlich für ein Plagiat – und diese Unterschlagung muss nachweisbar sein, wenn ein Plagiat geahndet werden soll. Das gelingt vor allem dann recht leicht, wenn eine Autorin eine Textpassage übernimmt und nur etwas umformuliert oder ein Argument wie aus dem Zauberhut hervorholt. Geübte Leser (wie Ihre Prüfer) bemerken Plagiate z.B. durch Stil- und Niveaubrüche im Text, zu denen es kommt, wenn fremde Formulierungen übernommen oder auffällig komplexe Überlegungen in die Arbeit eingeschleust werden. Solche Plagiate lassen sich, sobald der unterschlagene Quelltext gefunden ist, relativ leicht nachweisen.

Absicht und Plagiat

Grundsätze des Zitierens und Paraphrasierens

Wenn Sie die folgenden Grundsätze verinnerlichen und einen gängigen Zitierstil[48] einüben, ist das Zitieren und Belegen gar nicht so schwierig, obwohl es Ihnen zu Beginn des Studiums vielleicht mühsam und lästig erscheint.

Überprüfbarkeit ist ein zentrales Prinzip wissenschaftlicher Texte. Indem Autoren angeben, aus welchen Quellen sie zitieren oder paraphrasieren, ermöglichen sie ihren Lesern, in den entsprechenden Quellen selbst nachzulesen. Um es ihnen leicht zu machen, sollen die Quellenangaben eindeutig und möglichst vollständig gemacht werden. Im Normalfall beziehen sich diese Angaben genau auf das Werk, das der Autor verwendet hat. Nur bei einigen klassischen Autoren (vor allem Platon, Aristoteles, Kant) wird in der Philosophie nach Standardeditionen zitiert – dadurch können die Leser unabhängig davon, welche Ausgabe sie gerade zur Hand haben, die zitierten Stellen nachlesen.

Eindeutig und möglichst vollständig

---

48 Da die Konventionen an den Instituten unterschiedlich sind, empfehlen wir in diesem Ratgeber keinen bestimmten Zitierstil. Am besten informieren Sie sich an Ihrem Institut über die Vorgaben.

Einheitlichkeit bei den Quellenangaben erleichtert dem Leser

Einheitlich

das Nachschlagen. Die gewählte Zitierweise sollte den Fachkonventionen und damit den vermuteten Gewohnheiten der Leser entsprechen.

Genauigkeit beim Umgang mit fremden Gedanken, Daten und Worten ist eine Forderung, die aus dem Prinzip der wissenschaft-

Zeichengenaue Übernahme

lichen Redlichkeit resultiert. Genauigkeit beim Zitieren bedeutet, dass Originalpassagen grundsätzlich zeichengenau – also auch mit Fehlern[49] – und mit Hervorhebungen übernommen werden. Wo Änderungen z.B. zum Zweck der grammatikalischen Anpassung erforderlich sind, müssen sie kenntlich gemacht werden. Der Grundsatz der Genauigkeit verlangt ferner, dass fremde Aussagen nicht so verändert oder aus dem Zusammenhang geris-

Nicht sinnentfremden

sen werden dürfen, dass sie sinnentfremdet werden. Außerdem müssen Autoren für ihre Leser kenntlich machen, wann eine Paraphrase zu Ende ist und ihre eigenen Überlegungen einsetzen. Nutzen Sie hierfür die verschiedenen Möglichkeiten, u.a. die Formen von Redewiedergabe (X sagt), präpositionale Quellenangaben (laut X), Nebensatz mit wie (wie X fordert), Quellenangaben zum Vergleich (vgl. X) oder auch metasprachliche Erläuterungen (die Darstellung im folgenden Absatz bezieht sich auf X).

Zitieren Sie möglichst nur Texte, die Sie auch gelesen haben – das bedeutet, *aus erster Hand zu zitieren.* Wenn Sie in einem Text von Meyer ein interessantes Zitat von Becker finden, dann gebietet die Sorgfalt, dass Sie sich – sofern es unter vertretbarem Aufwand möglich ist – den Text von Becker beschaffen und die

Zitate aus fremden Texten nachlesen

zitierte Stelle selbst nachlesen.[50] Sie umgehen damit das Risiko, eine falsche Wiedergabe von Meyer zu übernehmen oder das Zitat in einen unpassenden Kontext einzubetten, in dem es im ursprünglichen Text gar nicht stand. (Der zumutbare Aufwand für

---

49 Fehler, die in das Zitat übernommen werden, kennzeichnet man mit einem „[sic!]", um zu verdeutlichen, dass der Fehler im Original vorlag. Aber Achtung: Fehler sind relativ auf das Normensystem des Textes. Wenn also ein Text in einer älteren Rechtschreibung verfasst ist, setzt man nicht hinter jedes Wort, das nach der neuen Rechtschreibung anders geschrieben würde, ein „[sic!]".

50 Wenn Sie stattdessen das Zitat von Becker einfach aus dem Text von Meyer übernehmen, spricht man von einem Sekundärzitat. Dieses sollten Sie nur in absoluten Ausnahmefällen verwenden und machen es kenntlich, indem Sie in der Quellenangabe das Werk von Becker nennen und „zitiert nach" dem Werk von Meyer angeben.

die Literaturbeschaffung kann nicht pauschal benannt werden. Ein Gang in die Bibliothek ist in jedem Fall zumutbar.)

Zitate sollen zweckmäßig eingesetzt werden, das heißt, sie sollen danach ausgewählt werden, dass sie der Untersuchung dienlich sind. An Zitaten soll etwas gezeigt werden, sie stehen nicht für sich selbst und sind nicht selbsterklärend.[51] Geben Sie Originalpassagen wieder, wenn es auf den Wortlaut ankommt, und Sie das Zitat kommentieren, analysieren, interpretieren wollen. Erklären Sie Ihren Lesern, wie Sie die entsprechende Passage verstehen und was sie Ihrer Meinung nach verdeutlicht. Demgegenüber sollen Zitate nicht dazu dienen, den Autor von der Formulierungsarbeit zu entlasten. Auch Seitenschinderei oder Namedropping[52] sind schlechte Motive für das Anführen eines Zitates (vgl. FAQ 5.4).

Zitate sind nicht selbsterklärend

Weiterführende Literatur:

Schmücker, Reinold: Kappes und Anti-Kappes: Eine Miszelle zur Philosophie des Plagiats. In: Lahusen, Christiane; Markschies, Christoph (Hg.): Zitat, Paraphrase, Plagiat. Wissenschaft zwischen guter Praxis und Fehlverhalten. Frankfurt, New York: Campus Verlag, 2015: S. 163-180.

Reydon, Thomas: Wissenschaftsethik. Eine Einführung. Stuttgart: Ulmer, 2013.

Strobach, Niko: Der Philosophie-Studierende als Wissenschafts-Profi. Im Internet: http://www.philo.uni-saarland.de/people/analytic/strobach/neueseite/pdfs/Methodik.pdf (zuletzt abgerufen: 09.03.2017).

---

51 Ausnahmen hierzu können z.B. Zitate darstellen, die als Motto angeführt werden.

52 Beim Namedropping verweisen Autoren auf Quellen, die sie nicht oder nur flüchtig gelesen haben, um damit z.B. die Richtigkeit oder Relevanz Ihrer Äußerungen durch die Fachkompetenz oder Prominenz der Genannten zu betonen oder auch einfach, um das Literaturverzeichnis zu füllen und die eigene wissenschaftliche Arbeit tiefgründiger erscheinen zu lassen.

5. Aus der Sprechstunde: FAQs

In diesem Abschnitt beantworten wir Fragen, die Studenten häufig in unseren Sprechstunden und Workshops stellen. Wir geben die Fragen möglichst im O-Ton wieder. Die Antworten sind bewusst knapp und praxisorientiert formuliert; für genauere Ausführungen folgen Sie bitte den Verweisen auf die vorausgehenden Kapitel.

5.1 Wie arbeite ich mich in ein Thema ein? Wie recherchiere ich richtig?

In der Anfangsphase einer Arbeit geht es oft ein wenig ungeordnet zu: Häufig laufen die Recherche sowie die Einarbeitung in ein Thema und die ersten Planungen für den Text parallel und auch mal durcheinander. Die folgenden Hinweise sollen Ihnen dabei helfen, sich dennoch möglichst gezielt einzuarbeiten; dafür müssen Sie als Studienanfänger vor allem Literatur finden, die Ihr Wissen über das Thema erweitert und damit eine Orientierung bietet, wie auch Literatur, die Ihre spezielle Fragestellung betrifft (sobald diese festgelegt ist).

Nutzen Sie einführende Literatur. Nachschlagewerke (Wörterbücher, Lexika bzw. Enzyklopädien), Einführungen, Handbücher, Kommentare, Werkinterpretationen sind ein sinnvoller Einstieg in die Recherche, sofern Sie noch nicht über fundierte Kenntnisse zu Ihrem Thema verfügen. Je weniger Vorwissen Sie haben und je vager Ihre Forschungsfrage ist, desto mehr empfiehlt sich der Einstieg über diese „Hilfsliteratur", denn hier können Sie z.B. fachliches Allgemeinwissen nachlesen, den aktuellen Forschungsstand in Erfahrung bringen oder einschlägige Forschungsansätze ermitteln.

Zu vielen Klassikern und zu wichtigen und viel diskutierten systematischen Problemen gibt es Monographien oder auch Sammelbände, die zur Einführung in das Thema dienen. Oft tragen diese Bücher das Wort „Einführung" sogar im Titel. Aus solchen Werken erfährt man, welche Thesen im Zusammenhang mit dem Thema strittig sind, welche Argumente oder Textpassagen intensiv diskutiert werden, und natürlich auch, *wer* darüber diskutiert. Der Rückgriff auf eine Einführung kann daher auch hilfreich sein, um von dort aus tiefer in die Forschungsliteratur vorzustoßen. (Oft werden die wichtigsten Titel im Literaturverzeichnis genannt.) Allerdings müssen Sie darauf achten, dass das Buch einigermaßen aktuell ist. Eine Einführung aus den 1970ern bietet keine gute Grundlage, um sich in der aktuellen Diskussion zu orientieren.

Nutzen Sie Hilfestellungen bei der Literatursuche. Die wichtigste Hilfe sind die Empfehlungen Ihrer Dozenten – diese bekommen Sie meistens in Form einer Literaturliste zu Beginn des Seminares und, wenn Sie darüber hinaus zu einem bestimmten Thema etwas suchen, auf Nachfrage. Auf das Urteil der Dozenten dürfen Sie sich erst einmal verlassen. Es gibt auch andere Literaturlisten, die von Experten – manchmal unter bestimmten Gesichtspunkten – zusammengestellt wurden, z.B. Literaturführer[1] oder (kommentierte) Listen in Werklexika oder Einführungen.

Gehen Sie in eine systematisch sortierte Fachbibliothek. In einer systematisch sortierten Fachbibliothek stehen Bücher, die sich mit einem bestimmten Themengebiet oder einem Autor befassen, in unmittelbarer Nähe beieinander. Schauen Sie sich vor Ort in der für Sie relevanten „Ecke" um. Nehmen Sie die Bücher in die Hand, blättern Sie sie durch, nehmen Sie Autorennamen, Werktitel, Inhaltsverzeichnisse, Literaturverzeichnisse zur Kenntnis. Auf diese Weise bekommen Sie einen schnellen Eindruck, welche Philosophen zu dem Thema gearbeitet haben und welche Problemfelder es gibt.

Schauen Sie in verschiedene Übersetzungen. Falls Sie einen fremdsprachigen Text nicht im Original lesen können, lohnt es sich, in mehrere Übersetzungen zu schauen. Da sie immer zu einem gewissen Grad Interpretationen sind, weichen sie voneinander ab. Vielleicht gewinnen Sie durch die verschiedenen Übersetzungen Anregungen, wie man die eine oder andere Passage im Text verstehen kann.

Lesen Sie quer. Solange Sie noch damit beschäftigt sind, sich einen Überblick zu verschaffen, lesen Sie kursorisch (= rasch fortschreitend, nicht auf Einzelheiten achtend). Lassen Sie sich in dieser Arbeitsphase nicht bremsen durch das falsche Pflichtbewusstsein, jedes Buch von vorne bis hinten durchzuarbeiten. Erst wenn Sie eine konkrete Fragestellung haben, können Sie einschätzen, welche Literatur intensiv gelesen werden sollte.

---

1 Z.B. der London Philosophy Study Guide oder der Bielefelder Literaturführer.

Verfolgen Sie eine Fährte, anstatt in alle Richtungen zu recherchieren. Wenn Sie einen philosophisch fesselnden Text oder ein interessantes Problem gefunden haben, verengen Sie Ihren Arbeitsfokus. Das bedeutet im Umkehrschluss, dass Sie viele andere wichtige oder interessante Aspekte im weiteren Arbeitsprozess ignorieren. Dieser Schritt fällt manchen Studenten schwer, weil sie gern möglichst viele Aspekte bearbeiten wollen oder auch, weil sie unsicher sind, ob die gefundene Fährte „genug hergibt" für eine Seminararbeit. (Es ist eine typische Sorge von Studienanfängern, dass ihr Thema zu unergiebig ist, um damit zwölf Seiten zu füllen; diese Sorge erweist sich eigentlich immer als unbegründet.) Sobald Sie sich entschieden haben, einen oder zwei Texte in Ihrer Seminararbeit zu behandeln bzw. als zentrale Quelle zu nutzen, finden Sie auch leicht weitere Literatur: Die Quellenverweise in den Texten, auf die Sie sich festgelegt haben, können Sie zum Ausgangspunkt einer weiteren Recherche machen. Dieses Vorgehen nennt man Schneeballrecherche.[2]

Vermeiden Sie ziellose Schlagwortsuchen. Eine Literatursuche mit Hilfe von Schlagwörtern sollten Sie nur durchführen, wenn Sie Ihr Thema schon genau eingegrenzt haben. Erst dann kennen Sie die relevanten Suchbegriffe und verfügen über Kriterien, um Ihre Treffer zu bewerten. Wenn Sie auf gut Glück in Datenbanken und Katalogen fischen, können Sie zwar geeignete und relevante Literatur, häufiger aber auch viel Unbrauchbares im Netz haben. Wenn Sie z.B. ein Schlagwort wie „Erkenntnis" oder „Platon" in die Suchmaske eingeben, werden Sie hunderte Treffer erzielen. Der Großteil der Titel hat keinen oder nur einen unklaren Bezug zu Ihrem Thema, ist veraltet oder vielleicht gar keine philosophische Arbeit.

Nutzen Sie fachspezifische Datenbanken. In Datenbanken wie z.B. *Philosopher's Index* und *Philpapers* können Sie über die Suchworteingabe Literatur zu bestimmten Fragen, Autoren und Themen finden. Diese Datenbanken finden Sie z.B. auf der Internetpräsenz von Universitätsbibliotheken. Für die erste Seminararbeit

---

2 Wenn Sie diese Methode anwenden, werden Sie nach einer Weile immer häufiger auf bereits bekannte Quellen stoßen. So können Sie sich gut in eine Debatte einarbeiten. Eine Gefahr besteht allerdings darin, dass Sie in ein „Zitierkartell" geraten, weil sich Wissenschaftler, die eine gemeinsame Richtung vertreten, gegenseitig zitieren, während sie eventuell andere Ansätze ignorieren. Außerdem findet man durch eine Schneeballrecherche nicht immer die aktuellste Literatur.

ist eine Datenbankrecherche meistens noch nicht nötig, aber von fortgeschrittenen Studenten wird durchaus erwartet, dass sie auch selbstständig Forschungsliteratur ermitteln. Große Bibliotheken bieten regelmäßig Schulungen für die Nutzung des Onlineangebots an.

Weiterführende Literatur:

Flatscher, Matthias; Posselt, Gerald; Weiberg, Anja: Wissenschaftliches Arbeiten im Philosophiestudium. Wien: Facultas, 2011.

5.2 Muss immer zuerst die Gliederung stehen oder kann ich auch direkt drauflosschreiben?
Verwandte Fragen: Warum soll ich eigentlich eine Gliederung erstellen? Planen liegt mir nicht so – geht es auch ohne?

Es ist eine Typfrage, ob man einen Text lieber mithilfe einer Gliederung gründlich plant und dann entlang der entworfenen Struktur schreibt, oder ob man direkt mit dem Schreiben beginnt und seine Gedanken schreibend strukturiert. Man kann diese Strategien als „bottom up" (vom Text zur Gliederung) und „top down" (von der Gliederung zum Text) bezeichnen. Die meisten Menschen produzieren Texte, indem sie zwischen beiden wechseln: Sie beginnen ihr Schreibprojekt z.B. mit frei geschriebenen Ideenskizzen, planen den Text im nächsten Schritt mit Hilfe einer Gliederung, fangen dann mit dem Schreiben der Rohfassung an, wobei sie bemerken, dass sie ihre Gliederung verändern müssen, usw. Aber es gibt auch Extremtypen, also jene, die ihren Text minutiös planen und (teils nur im Kopf) vorbereiten, bevor sie zu schreiben beginnen, und jene, die nur schreibend gut denken können und deswegen anfangs viele Seiten produzieren, bis sich ihre Gedanken ordnen.

Wenn Sie eher zum Drauflosschreiben neigen, sollten Sie sich des Umstands bewusst sein, dass Sie damit zunächst nur zu einer Rohfassung gelangen. Seminararbeiten sind an philosophische Fachaufsätze angelehnt (vgl. Kap. 3); als solche erfordern sie eine systematische Vorgehensweise, eine durchdachte Struktur und Adressatenorientierung. Zum einen muss die Autorin den Text auf den Leser ausrichten, indem sie an seine Vor-

kenntnisse und Erwartungen anknüpft. Drauflosschreiben jedoch führt oft zu einem monologischen, selbstverständigenden
Schreiben. Zum anderen muss die Autorin in ihrer Argumentation verschiedene Stimmen zu Wort kommen lassen, indem sie
z.B. Einwände berücksichtigt, die in der Literatur gegen die von
ihr vertretene Position vorgebracht wurden. Denn die Darstellung und Entfaltung einer philosophischen Problemstellung ba-
siert üblicherweise nicht nur auf eigenen Überlegungen, sondern bezieht fremde Arbeiten ein.[3] Es kann kaum im ersten
Anlauf gelingen, den eigenen Text sinnvoll in Beziehung zu den
gelesenen Texten zu stellen, fremde Texte aus dem Gedächtnis
zu referieren oder Quellen spontan korrekt zu benennen. Das
erfordert schriftliche Vorarbeiten und Überarbeitung. Bis Paraphrasen, Zitate und Querverweise elegant in einen Fließtext eingebunden sind, wurde der Text meistens wiederholt überarbei-
tet. Ähnliches gilt für die Auseinandersetzung mit fremden
Argumenten: Damit sie nicht in einem großen Durcheinander
endet, muss die Autorin den Text vorab gut organisieren.

Drauflosschreiben kann also als alleinige Schreibstrategie
nicht zu einer abgabereifen philosophischen Hausarbeit führen.
Es muss mit planerischen, strukturschaffenden Maßnahmen
kombiniert werden – wann diese erfolgen und wie sie aussehen,
ist allerdings egal. Planung muss nicht zwingend dadurch erfolgen, dass Sie eine Gliederung erstellen, die wie ein Inhaltsverzeichnis aussieht. Sie können z.B. auch mithilfe von Visualisierungen, Stichpunkten oder Texten planen.

Probieren Sie das Schreiben nach Plan aus, auch wenn es erst
einmal nicht Ihrer Neigung entspricht und Sie es vielleicht als
ungewohnt empfinden.[4] Eine Gliederung zu erstellen, bedeutet
intensive Gedankenarbeit, die Ihnen hilft, beim Schreiben den
roten Faden nicht zu verlieren. Ein Text erfordert einen sukzes-
siven Fortgang, womit Autoren häufig – gerade in der Anfangsphase des Schreibens – ringen, weil sie das Gefühl haben, alles
auf einmal sagen zu müssen. Durch die vorangehende Planung
organisieren Sie dieses Nacheinander und entlasten sich beim

---

3 In publizierten wissenschaftlichen Texten und in Qualifikationsarbeiten ist
   Intertextualität heutzutage eine allgemeine Anforderung. In akademischen
   Übungstexten nicht immer.

4 Da das Drauflosschreiben die am häufigsten praktizierte Schreibstrategie in
   der Schule und im Privaten ist, ist es die vertraute und von vielen Studienanfängern auch bevorzugte Strategie.

Schreiben. Die Planung erfordert auch, dass Sie über Ihre These und die damit verbundene Beweislast, über die Eingrenzung Ihres Themas und den Argumentationshergang nachdenken. Dadurch verringern Sie das Risiko, womöglich erst nach Tagen oder Wochen des Schreibens zu bemerken, dass Ihre Überlegungen nicht tragfähig sind und alles bisher Geschriebene verworfen werden muss. Falls Sie allerdings zu denjenigen gehören, die nur schreibend gut denken können, müssen Sie diese Gefahr u.U. in Kauf nehmen.

Mit der Zeit werden Sie Ihre eigenen Strategien und Routinen entwickeln, die manchmal auch eigenwillig und wenig planerisch, für Sie aber genau richtig sein können. Zuvor müssen Sie ein wenig herumprobieren. Dass es gute Gründe gibt, dabei den mühevollen Weg der Gliederung zu beschreiten, haben wir Ihnen hoffentlich deutlich machen können.

5.3 Wie formuliere ich eine gute These für meinen Text?

Eine These ist eine Aussage, die strittig ist. Daher müssen Thesen begründet werden. Man sagt auch: Sie tragen eine Begründungslast. Über eine These kann man diskutieren; über eine *gute* These *möchte* man diskutieren.

Ob eine Aussage strittig ist, ob sie also als These einer Arbeit taugt oder nicht, hängt nicht zuletzt von der Zeit ab, zu der sie formuliert wurde: „Spinozas Lebenswandel war durch das Streben nach Tugend geprägt." Das war im 18. Jahrhundert eine These, die unter christlichen Theologen erbittert diskutiert wurde, weil viele von ihnen nicht wahrhaben wollten, dass ein exkommunizierter jüdischer Philosoph ein moralischer Mensch sein konnte. Aus heutiger Sicht[5] formuliert diese Aussage hingegen eine unstrittige Tatsache; sie bedarf keiner Begründung und kein Philosophiehistoriker würde darüber diskutieren wollen. Ob eine Aussage Begründungslast trägt und somit eine These ist oder nicht, hängt auch von den Adressaten ab: Die Aussage „Werte sind relativ" würde in bestimmten Kreisen als Tatsache akzeptiert werden, ist aber unter Philosophen höchst umstritten.

---

5 Aber auch schon aus Sicht aller ernstzunehmenden Philosophen des 18. Jahrhunderts.

Dass man als Anfänger in der Philosophie noch gar nicht wissen kann, welche Aussagen unter Philosophen strittig sind, macht es so schwer, eine gute These zu formulieren. Auf jeden Fall brauchen Sie neben den Fachkenntnissen auch inhaltliche Kenntnisse, deswegen können Sie die These zu Ihrer Seminararbeit erst aufstellen, wenn Sie gut in das Thema eingearbeitet sind. Da Sie während des Schreibens das Problem noch gründlicher durchdenken, kann es gut sein, dass Sie Ihre These am Ende noch einmal anpassen müssen, weil Sie z.B. letztlich erkennen, dass Sie für eine schwächere These argumentiert haben als beabsichtigt. Studienanfänger unterschätzen die Begründungslast ihrer Thesen meistens, weil sie noch nicht darauf eingestellt sind, wie ausführlich und differenziert Begründungen erfolgen müssen, um Philosophen zu überzeugen.

Dass eine These strittig ist, schließt ein, dass sie Lust zum Widerspruch weckt. Davor sollten Studenten nicht zurückschrecken. Bekennen Sie Farbe! Um nichts Falsches zu sagen, kleiden Studenten ihre These manchmal in vage Formulierungen und deuten ihre Position nur an, anstatt sie einzunehmen. Ebenso wenig ratsam ist es, Thesen polemisch oder übertrieben scharf zu formulieren. Ein philosophischer Text soll nicht provozieren, sondern überzeugen. Entweder zweifeln die Leser am aufrichtigen Erkenntnis- und Diskussionsinteresse des Autors oder an dessen Fähigkeiten, weil sie annehmen müssen, er habe nicht bemerkt, dass seine These „zu steil" ist.

Natürlich sollten Autoren auch nicht versuchen, ihre Position hinter unklaren Formulierungen zu verstecken, ebensowenig wie sie die Formulierung der These durch unnötige (Fremd-) Wörter aufblähen sollten. Wie für den gesamten Text gilt auch für die These: Formulieren Sie klar, prägnant und eindeutig. Errichten Sie keine sprachlichen Hürden durch Passivkonstruktionen, doppelte Negationen, wenig bekannte Ausdrücke, zu lange adverbiale Einschübe oder andere schwerfällige Wendungen. Sie können die These notfalls auch auf zwei bis drei Sätze verteilen – das ist besser als ein einziger verworrener Satz. Aber überlegen Sie, ob das, was dann in Ihrem zweiten oder dritten Satz steht, nicht eher schon eine Erläuterung oder Voraussetzung oder Einschränkung der These darstellt.

In Kapitel 4.2 beschäftigen wir uns ebenfalls mit der These in einem philosophischen Text, in Kapitel 4.5 mit dem Formulieren.

5.4 Wie viele fremde Texte muss ich in meine Seminararbeit einbeziehen?
Verwandte Fragen: **Wie viel muss ich von dem, was ich gelesen habe, wiedergeben? Muss ich zitieren? Wie knapp oder ausführlich soll die Darstellung von fremden Positionen oder Theorien ausfallen?**

Die allermeisten wissenschaftlichen Texte enthalten Zitate, Paraphrasen oder andere Verweise auf fremde Forschungsergebnisse. Viele Studenten denken, dass man fremde Texte in dieser Form einbindet, um damit zu demonstrieren, dass man sie zur Kenntnis genommen hat. Es ist aber – gerade mit den heutigen technischen Möglichkeiten – problemlos möglich, irgendwelche Verweise auf thematisch passende Texte zu geben oder vermeintlich passende Zitate daraus zusammenzusuchen, ohne die entsprechenden Texte gelesen oder verstanden zu haben.[6] Zitate, Paraphrasen und andere Verweise sind somit kein Nachweis für die Belesenheit des Autors. Man bindet fremde Texte natürlich auch nicht deswegen ein, weil „man" das in wissenschaftlichen Texten „nun mal so macht". Das Einbeziehen fremder Texte soll vielmehr bestimmte Zwecke erfüllen.

Zitate werden in philosophischen Texten in der Regel angeführt, um daran etwas zu demonstrieren.[7] Eine Autorin kann z.B. an einem Zitat belegen, dass sich aus der zitierten Stelle Mehrdeutigkeiten ergeben oder eine bestimmte Interpretation des Textes zutrifft. Dafür stellt sie dem Leser die originale Formulierung vor (quasi: „Guck mal, Leser, so steht es im Original."), an der sie eine Problemstellung oder Deutung erarbeitet (quasi: „So verstehe ich das: ...", „Dieses Problem sehe ich darin: ..."). Dass Zitate Demonstrationsobjekte sind, heißt auf der anderen Seite, dass ein Autor, der gar nichts an einem anderen Text demonstrieren möchte, auch nicht zitieren sollte.

Neben dem Zitat, das den Wortlaut wiedergibt, kann man fremde Texte auch durch Paraphrasen oder Zusammenfassungen einbinden. Da man beim Paraphrasieren und Zusammenfassen den Inhalt eines fremden Textes *in eigenen Worten* wieder-

---

6 Leser, die die entsprechenden Quellen kennen, bemerken die mangelnden Textkenntnisse des Autors wahrscheinlich.

7 Es gibt manchmal auch andere Gründe dafür, dass ein Autor ein Zitat anführt, z.B. wenn er es als Motto voranstellt.

gibt, zeigt man damit auch, wie man ihn verstanden hat oder was man als wichtig erachtet. (Paraphrasen oder Zusammenfassungen können darum mehr oder weniger angemessen sein und sind keine „objektive" Darstellung der Inhalte, wie manche Studenten denken.)

Manchmal verweisen Autoren zudem auf fremde Texte, ohne deren Inhalt wiederzugeben. Sie leiten solche Kurz-Verweise z.B. mit „Dabei folge ich dem Verständnis von X" oder „Eine ausführliche Begründung hierzu liefert X" ein, wenn sie der Position von X zustimmen, oder auch mit „Anders als X möchte ich ..." oder „Ich vertrete hier eine andere Auffassung als X". Oft findet sich aber auch nur ein schlichtes „vgl.", also „vergleiche".

Paraphrasen, Zusammenfassungen und Kurz-Verweise dienen in philosophischen Texten in der Regel dazu, eine fremde Position zu benennen oder darzustellen, gegen die man sich entweder abgrenzen will oder an die man mit seinen eigenen Überlegungen anschließen möchte. Man kann auch beide Zwecke verfolgen: Man stellt die fremde Position dar, um anschließend deutlich zu machen, bis zu welchem Punkt man ihr folgt und ab wo man andere Wege beschreitet. In der Wissenschaft im Allgemeinen und der Philosophie im Besonderen bauen wir regelmäßig auf den Leistungen anderer auf, indem wir ihre Ergebnisse weiterentwickeln oder ihren Überzeugungen etwas entgegenhalten. Wer Fachtexte liest und eigene schreibt, wird unweigerlich in die Situation kommen, in der es wichtig ist, etwas Gelesenes wiederzugeben oder darauf zu verweisen. In welcher Form und in welchem Umfang ein fremder Text eingebunden werden sollte, also ob z.B. ein knapper Verweis genügt oder eine Zusammenfassung angemessen ist, hängt vor allem von dem Stellenwert ab, den die fremden Überlegungen für den eigenen Text haben sollen: Was wichtig für die eigene Argumentation ist, sollte entsprechend ausführlich dargestellt werden.

Wenn man sich jedoch nirgends auf fremde Gedanken berufen möchte, muss man auch keine Literatur in den eigenen Text einbeziehen. Philosophische Texte können auch ohne Zitate, Paraphrasen und andere Verweise gute philosophische Texte sein. Dass dennoch die allermeisten zeitgenössischen Fachtexte fremde Literatur einbinden, liegt an der diskursorientierten Arbeitsweise der Philosophie, die sie natürlich mit anderen wissenschaftlichen Disziplinen teilt. Auch von philosophischen Seminararbeiten wird häufig (aber nicht immer) erwartet, dass sie fremde Literatur einbinden, damit Studenten den Umgang mit der Fachliteratur üben, sich mit den Konventionen des wissenschaftlichen Schreibens vertrautmachen und die philosophische (vor allem argumentative) Auseinandersetzung mit fremden Gedanken lernen.

Die Antwort auf die oft gestellte Frage, in welchem Maß man als Student fremde Texte in seiner Seminararbeit einbinden und wiedergeben sollte, lautet also: *Das Gelesene soll genau in dem Maße in die Seminararbeit eingebunden (und auch in dem Umfang wiedergegeben) werden, wie es für die Gedankenentwicklung im eigenen Text nötig ist.* Falls Sie irgendwo einmal eine Faustformel wie „etwa drei Zitate pro Seite" aufgeschnappt haben, können Sie sie getrost wieder vergessen. Ebenso kann es keine allgemeingültige Empfehlung dazu geben, wie viele Titel ein Literaturverzeichnis umfassen sollte.

Nach den heutigen Prinzipien guter wissenschaftlicher Praxis werden übrigens alle Übernahmen und Verweise mit exakten Literaturangaben versehen (das war nicht immer so); was Sie dabei beachten sollten, behandeln wir ausführlicher in Kapitel 4.6.

5.5 Was ist eine eigenständige Leistung in einer Seminararbeit?

Verwandte Fragen: **Zählt die Auseinandersetzung mit Literatur schon als Eigenleistung oder muss man etwas „wirklich Neues" schreiben? Ist es schlimm, wenn ich nur das schreibe, was andere schon geschrieben habe? Ist es zulässig, nur zu paraphrasieren und zu zitieren?**

Viele Studienanfänger fragen sich, worin eigentlich ihre eigene Leistung beim Verfassen einer Seminararbeit besteht und bestehen soll. Sie haben das Gefühl, nur wiederzugeben, was andere geschrieben haben und sind unsicher, ob das ausreicht.

Manchmal täuscht dieses Gefühl. Es ist durchaus eine eigene Leistung und zudem eine herausfordernde Aufgabe, sich ein eigenes Verständnis eines fremden Textes zu erarbeiten, der schwierig und kompliziert ist, und dieses in einem eigenen lesbaren Text wiederzugeben. Selbstverständlich leisten Sie allerhand, wenn Sie eine Position zusammenfassen, einen Einwand reformulieren, einen Begriff erläutern oder ein Argument rekonstruieren. Das Nach-Denken und Re-Formulieren in eigenen Worten erfordert eigenständiges, produktives Denken und ist keineswegs nur ein Nacherzählen oder Abschreiben.

Außerdem täuscht Ihr Gefühl Sie, wenn sich dahinter die Vorstellung verbirgt, dass Sie als Student einen eigenständigen wissenschaftlichen Beitrag leisten sollen! Anfänger müssen und können nicht innerhalb weniger Wochen und auf wenigen Seiten „etwas Neues" erarbeiten. Sie üben in einer Seminararbeit wissenschaftliche Eigenständigkeit – erreichen müssen Sie diese erst bei der Dissertation![8] Es ist darum überhaupt kein Problem, wenn Ihre Forschungsfrage schon in Hunderten anderer Seminararbeiten ähnlich gestellt wurde, wenn Sie Beispiele anführen, die Sie in der Literatur gefunden haben oder wenn Sie in Ihrer Argumentation auf fremde Argumente bauen. Aber natürlich dürfen Sie auch eigene Beispiele oder Argumente einbringen.

Im Übrigen überschätzen Studienanfänger oft massiv, worin ein eigenständiger wissenschaftlicher Beitrag in der Philosophie besteht. Philosophen stellen nicht ständig neue, noch nie dagewesene Fragen oder erarbeiten neue Theorien, neue Interpretationsansätze, neue Argumente. Die meisten backen viel kleinere Brötchen. Philosophische Diskurse finden häufig auf den Nebenschauplätzen statt, selbst wenn sie mit der Klärung der großen Fragen zusammenhängen. Jay F. Rosenberg vergleicht philosophische Gefechte mit militärischen Kämpfen, bei denen der Sieg von „langen Reihen taktischer Scharmützel und flankierender Manöver" abhängt.[9] Philosophischer Fortschritt liege meist in sehr subtilen Schritten „wie der Verfeinerung von Fragestellungen, dem Erreichen größerer argumentativer Schärfe, dem Erfassen von Zusammenhängen, dem Erkennen von Voraussetzungen oder darin, das Wesentliche einer Bemerkung zu erfassen."[10]

Vor diesem Hintergrund wird deutlich, dass der Versuch eines Studienanfängers, in seiner Seminararbeit auf wenigen Seiten eine eigene Theorie oder eigene Interpretation zu erarbeiten, immer ein zu hoch gehängtes Ziel sein wird. Solche Versuche zeigen lediglich, dass er noch kein Gespür dafür hat, was notwendig ist, um philosophisch überzeugende und haltbare Überlegungen zu entfalten (vgl. Kap. 4.1).

---

8   Erst die Dissertation muss einen originellen Beitrag zur Forschung leisten. Wenn Sie berücksichtigen, wie viele Jahre ein Promovend vorher studiert hat und wie lange er oft an seiner Promotion arbeitet, stellt sich die Frage nicht mehr, ob in einer Seminararbeit „etwas Neues" erarbeitet werden soll.

9   Rosenberg (2009), S. 55.

10 Ebd., S. 26.

Das Gefühl, keine eigenständige philosophische Leistung zu erbringen, kann aber auch berechtigt sein. Das ist z.B. dann der Fall, wenn Ihnen die Beweiskraft Ihrer Seminararbeit nicht wichtig ist, wenn ihr keine philosophische Problemstellung zugrunde liegt oder wenn Sie keine sinnvolle Struktur entwickeln. Es kann auch passieren, dass Studenten einen Text tatsächlich nur nacherzählen („Als erstes behandelt der Autor, ... danach spricht er über...") oder ihn mit Hilfe vieler Zitate quasi abschreiben. Aber wenn Sie die Form einer Seminararbeit ernst nehmen, müssen Sie sich im Grunde keine Sorgen machen, dass Sie zu wenig eigenständig arbeiten (vgl. Kap. 3). In einer Seminararbeit, die diese Bezeichnung wirklich verdient, *kann* man gar nicht nur paraphrasieren, zitieren oder wiederkäuen, was andere schon vorher geschrieben haben.

Weiterführende Literatur:

Rosenberg, Jay F.: Philosophieren. Ein Handbuch für Anfänger. Frankfurt a.M.: Klostermann, 2009 (6. Aufl.): Kapitel 1-3.

5.6 Darf ich oder soll ich sogar meine eigene Meinung sagen? Und wenn ja, wie und wo? *Verwandte Fragen:* Muss ich meine Meinung irgendwie kennzeichnen? Soll man „ich" nur im Fazit schreiben?

Studienanfänger sind häufig unsicher, welchen Stellenwert ihre eigene Meinung beim wissenschaftlichen Schreiben hat. Diese Unsicherheit geht oft mit einem inadäquaten Verständnis von Wissenschaftlichkeit einher, demzufolge wissenschaftliches Arbeiten nichts mit persönlichen Überzeugungen zu tun hat. Meinungen, so die Vorstellung vieler Studienanfänger, sind subjektiv, persönlich und schwankend, während die Wissenschaften objektiv und sachorientiert sind und gesichertes Wissen verwalten.[11] Im Bemühen um Wissenschaftlichkeit entfernen sich Studienanfänger oft aus ihren eigenen Texten: Indem sie seitenlang pa-

---

[11] Steinhoff stellt fest, dass viele Studenten ein „Wissenschaftskonzept [vertreten], in dem die Kontroverse nicht vorkommt oder negativ besetzt ist. [....] Wissenschaft wird oft als Gemeinschaft einträchtig forschender Wahrheitsproduzenten (miss)verstanden"; vgl. Steinhoff (2008).

raphrasieren und zitieren, versuchen sie „objektiv" und „richtig" wiederzugeben, was sie gelesen haben. Die persönliche Stellungnahme folgt dann meist am Ende des Textes. Sie arbeiten also – nach ihrem eigenen Verständnis – zuerst wissenschaftlich, indem sie Ergebnisse der Wissenschaft aufschreiben, dann demonstrieren sie eigenständiges Denken, indem sie ihre Meinung äußern. Solche Texte zerfallen quasi in zwei Teile.

Den meisten Studienanfängern ist diese Vorgehensweise vertraut, weil sie durch das Textmuster der Erörterung, anhand derer in der Schule das argumentierende Schreiben eingeübt wird, nahe gelegt wird. Ein vielfach benutztes Muster ist folgendes:

1. Einleitung
2. Hauptteil: Position A, Position B, Auswertung, evtl. Lösungsvorschlag
3. Fazit mit persönlicher Stellungnahme

Dieses Muster weist der Meinungsbekundung einen festen Ort im Text zu. Es verleitet dazu, den Positionen, die im Hauptteil behandelt werden, die eigene Meinung bloß hinzuzufügen, statt sich mit ihnen argumentativ auseinanderzusetzen. Seminararbeiten, die diesem Muster folgen, sind notorisch äußerlich. Der darstellende Teil bleibt äußerlich, indem er zumeist nicht über eine zusammenfassende Darstellung hinauskommt; der bewertende Teil bleibt äußerlich, weil die Kritik meist rein thesenhaft ist. (In Kap. 4.2 beschäftigen wir uns ausführlicher mit der Textsorte Erörterung.)

Der Unsicherheit gegenüber der eigenen Meinung und dem hier beschriebenen Vorgehen liegt letztlich ein und dasselbe Missverständnis zugrunde. Es besteht darin, dass man Meinungen als etwas ansieht, was andere nicht teilen müssen und was man eben deswegen auch nicht weiter begründen muss. Unbegründete Meinungsbekundungen sind in einer philosophischen Seminararbeit tatsächlich uninteressant. Sie lesen sich z.B. so: „Letztlich überzeugt mich der Ansatz von X mehr als der von Y." Begründete und intersubjektiv nachvollziehbar dargelegte Überzeugungen hingegen sind in Seminararbeiten unbedingt gefragt! Um zu dieser Art von Überzeugung zu gelangen, muss man sich fragen, was für und gegen die Ansicht spricht. Man darf also seine eigene Meinung nicht einfach so nehmen, wie man sie in sich vorfindet, sondern muss sie überprüfen. Außerdem muss man sich darum bemühen, die eigene Ansicht so zu begründen, dass auch andere sie überzeugend finden. Das erfordert ein kleinschrittiges, systematisches Vorgehen (und daher viele Worte), weswegen ein kurzer „Weil"-Satz fast nie ausreicht.

(Bsp.: „Letztlich überzeugt mich der Ansatz von X mehr als der von Y, weil er auf weniger unüberprüfbaren theoretischen Voraussetzungen aufbaut.") Häufig erfordert die Argumentation auch einen Wechsel auf die Metaebene, indem man z.B. über die Sprache, die man verwendet, nachdenkt oder über die Argumentationspraxis reflektiert.

Im Austausch von Überzeugungen und den Gründen für diese Überzeugungen besteht der philosophische Diskurs. Es ist also keineswegs so, dass Meinungen „unwissenschaftlich" sind, wie manche Studienanfänger denken. Unwissenschaftlich ist es, seine Meinungen nicht zu überprüfen und sie im philosophischen Austausch nicht zu begründen.

Dementsprechend gehört Ihre begründete Meinung natürlich auch in Ihre Seminararbeit. Sie hat dort aber keinen festen Ort, sondern drückt sich durch Ihre Auseinandersetzung mit (fremden oder eigenen) Argumenten aus. Der ganze Text enthält Ihre Meinung, sie drückt sich an allen Stellen aus, wo der Text zu einem Ergebnis kommt (dass dieses oder jenes richtig, überzeugend, wünschenswert usw. ist). Häufig bietet es sich an, Darstellung und Kritik in der Seminararbeit zu verschränken. Wenn eine bestimmte Überlegung dargestellt wurde, sollte sich die kritische Bewertung gleich anschließen und nicht auf das Ende der Arbeit vertagt werden. Angenommen, der Text stellt zwei Positionen dar.

Schauen wir uns noch einmal an, wie diese tatsächlich in einem Text zusammengehen. Lesen Sie hierfür einen Auszug aus einer Bachelorarbeit:

Die Zwei-Welten-Lehre (*chôrismos*) ist in der Platonforschung weitgehend anerkannt. Ihre Annahme lässt sich zum einen historisch stützen, denn die Entstehung des *chôrismos* begründet sich plausibel in der Verbindung einiger vorsokratischer Lehren (v.a. von Heraklit und Parmenides) mit der sokratischen Lehre (vgl. von Kutschera (2002, II): 99 ff.) Zum anderen rechtfertigt sich diese Annahme textimmanent in den Dialogen, denn der metaphysische Dualismus wird an vielen Stellen angesprochen und sofern man solche Passagen wörtlich versteht, sprechen sie deutlich für die Zwei-Welten-Lehre. Wie z.B. Phd.79a6-7: „Es gibt zwei Arten des Seienden, das Sichtbare und das Ewige". Schließlich übernimmt der *chôrismos* auch eine grundlegende Funktion in der Platonischen Ideenlehre; laut von Kutschera (2002, II: 31) hat er drei Bedeutungen: Er begründet die Unabhängigkeit der	Viele sind der Ansicht C (Platon hat den *chôrismos* vertreten). C lässt sich begründen: 1: historisch 2: textimmanent 3: Bedeutung in Ideenlehre 3a: Unabhängigkeit 3b: Verschiedenheit 3c: kausale Rolle

Ideen von ihren Instanzen sowie zweitens die fundamentale Verschiedenheit dieser von jenen, drittens erklärt der *chôrismos* die kausale Rolle der Ideen gegenüber den Dingen. Insgesamt ist also die Annahme des *chôrismos* und einer unabhängigen Ideenwelt gut begründet. Gegner der intuitionistischen Lesart (u.a. Annas, Stemmer, Chamberlain) lehnen allerdings häufig den *chôrismos* ab. Die meisten dieser Deutungen gehen dahin, Platon habe ein Erkenntnismodell entwickelt, in dem ein mehr oder weniger kontinuierlicher Aufbau der sinnlichen zur geistigen Erkenntnis erfolgt. Die aufeinander bauenden Stufen machen einen intuitiven Erkenntnisakt unmöglich, denn die Erkenntnis geht von der Wahrnehmung zur Abstraktion. Diese Interpretation erhält aber vornehmlich Sinn, wenn man gleichzeitig auch die Ideen als Allgemeinbegriffe deutet. Wer die Zwei-Welten-Lehre ablehnt, muss annehmen, dass die Ideen in irgendeiner Weise durch Extrapolation oder Abstraktion aus den Sinnesdaten entstehen. Dagegen lässt sich einwenden, dass „wenn die Methexis der sichtbaren Dinge an den Ideen als das Verhältnis von Abbild und Urbild symbolisiert werden kann, so ist dies nur möglich, wenn die Idee tatsächlich Gestalt war." (Stenzel (1957): 92) Die Zwei-Welten-Lehre erklärt die reale, unabhängige Existenz der Ideen – eine Ansicht, die Platon mit hoher Wahrscheinlichkeit vertreten hat. Von Kutschera (2002, II: 176) argumentiert, dass Ideen für Platon keine *universale in mente* sein können, weil ihrer Beschaffenheit sonst keine Objektivität zukäme, wodurch wiederum die „Subsumption eines Objektes unter einen Begriff jeder sachlichen Grundlage" (von Kutschera (2002, II): 177) entbehrte. Es war also nicht in Platons Sinn, die Ideen ‚nur' in der Seele zu verorten bzw. sie als Allgemeinbegriffe zu deklarieren. Ideen sind keine Gedankendinge (*noêmata*), sondern etwas nur durch Denken Erkennbares (*noêta*). Die Frage, was die Idee ist, als sprachlogisches Problem aufzufassen, würde ihre Erkenntnis zwar besser erklärbar machen (vgl. von Kutschera (2002, III): 189) – nur ist dies eben ein postnominalistischer Ansatz und kein platonischer. [...] Die Ablehnung der Zwei-Welten-Lehre bringt es also mit sich, eine wesentliche Säule der platonischen Philosophie, die Ideenlehre, in einer Weise modifizieren zu müssen, die Platons Denkart nicht gerecht wird.

Fazit: C ist sehr gut begründet

Es gibt aber auch Leute, die C ablehnen. Meistens begründen sie dies mit S (Stufen). Wer die Begründung S anführt, der muss A (Ideen als Allgemeinbegriffe) annehmen.

Wer A annimmt, begeht einen Fehler, denn Platon hat mit hoher Wahrscheinlichkeit nicht A vertreten, weil er die Teilhabe (methexis) der sichtbaren Dinge an den Ideen als Verhältnis von Abbild zu Urbild symbolisiert hat. Außerdem müssen Ideen objektive Eigenschaften haben, damit die Unterordnung eines Dings unter einen Begriff eine objektive sachliche Grundlage hat.

Wer die Zwei-Welten-Lehre mit der Begründung S ablehnt, hat Unrecht.

Die Meinung der Autorin ist in diesem Text nirgends als solche ausgewiesen, dennoch kann der Leser sie dem Text entnehmen. Im Übrigen argumentiert die Autorin für ihre Sache nur, indem sie sich auf fremde Argumente stützt. Wie wir auch in FAQ 5.5

sagten, muss man nicht notwendigerweise Argumente vorbringen, die man selbst als erster gefunden hat.

Der Auszug zeigt Ihnen, wie Sie in einer Seminararbeit eine
Sache anhand der Auseinandersetzung mit (fremden) Argumenten diskutieren können und gleichzeitig Ihre Meinung ausdrücken. Außerdem zeigt der Ausschnitt, dass in philosophischen
Texten Meinungen verhandelt werden und es nicht vorrangig
um die Darstellung vermeintlich objektiven Wissens geht. Um
das noch einmal deutlich werden zu lassen, haben wir die obige
Passage zugespitzt und in gekürzter Fassung umformuliert:

> Die Zwei-Welten-Lehre ist eine wesentliche Säule der intuitionisti-
> schen Lesart, die ich für richtig halte. Ich möchte diese Säule im
> nächsten Schritt verteidigen. Allgemein ist die Zwei-Welten-Lehre
> ja sowieso in der Platon-Forschung anerkannt (die meisten Platon-
> Interpreten sind also der Meinung, dass Platon annahm, dass es
> zwei unabhängige Welten mit je eigenen Erkenntnisobjekten gibt).
> Diese Meinung lässt sich historisch, textimmanent und durch ihre
> Funktion innerhalb der Ideenlehre stützen. Das habe ich bei dem
> Philosophen Franz von Kutschera so gelesen, auf ihn möchte ich
> mich hier berufen.
>
> Es gibt aber auch Philosophen, die anderer Meinung sind (u.a. An-
> nas, Stemmer, Chamberlain). Sie glauben, dass Platon annahm, dass
> die geistige Erkenntnis auf der sinnlichen aufbaut und nicht unabhän-
> gig von ihr erfolgen kann. Sie vertreten ein erkenntnistheoretisches
> Stufenmodell. In diesem Fall müssten die Ideen Allgemeinbegriffe
> sein, die sich irgendwie aus den Sinnesdaten ableiten. Diese Ansicht
> halte ich für falsch, weil ...; ich schließe mich der Meinung der Philo-
> sophen Stenzel und von Kutschera an.
>
> Ich habe damit gezeigt, dass diejenigen, die Platons Erkenntnislehre
> mit einem Stufenmodell erklären, einen Fehler machen. Genau das
> tun aber die meisten Gegner der intuitionistischen Lesart. Ich halte
> ihre Interpretation für falsch.

Der Austausch über Überzeugungen und ihre Gründe gehört
wesentlich zum Philosophieren. Und in Ihren Seminararbeiten
üben Sie zu philosophieren. Denken Sie kritisch über die Meinungen, die Ihnen in der Literatur und im Seminar begegnen,
nach und hinterfragen Sie ständig die Argumente, die für oder
gegen etwas vorgebracht werden. Ob Sie dabei „ich finde" oder
„meiner Meinung nach" sagen, ist vornehmlich eine Stilfrage
(vgl. FAQ 5.8).

5.7 Darf ich andere Philosophen kritisieren?

Manchmal zögern Studenten, wenn sie sich mit den Arbeiten bekannter Philosophen beschäftigen: „Darf ich sie als Student kritisieren?" – Ja, sofern sich Ihr Urteil *auf die Argumente bezieht* und Sie es *begründen*, dürfen Sie das nicht nur, sondern Sie sollen es sogar. Die kritische Auseinandersetzung mit Theorien, Positionen, Argumenten und Texten gehört zum philosophischen Gedankenaustausch und in Ihren Seminararbeiten üben Sie, sich daran zu beteiligen.

Anders verhält es sich mit einem Argument, das sich gegen die Person richtet (*argumentum ad hominem*). Wer so argumentiert, versucht die Aussagen des anderen dadurch zu entkräften, dass er ihn persönlich angreift, z.B. indem er die Person als unglaubwürdig darstellt. Die Diskussion verlagert sich somit von der Sache auf die Person, ihre Eigenschaften und Umstände. In privaten oder politischen Diskussionen ist dies ein häufiger und sehr effektiver Schachzug, in der Logik gilt es als Fehlschluss. Angenommen, eine Philosophin argumentiert dafür, dass Tiere genauso vor Leid geschützt werden müssen wie Menschen, so wäre es *kein* gültiges Gegenargument, wenn man ihr nachweisen könnte, dass sie selbst regelmäßig Fleisch aus Massentierhaltung konsumiert. (Allenfalls ließe sich damit zeigen, dass sie gegen ihre Überzeugung handelt.)

Vermutlich ohne es zu intendieren, argumentieren Studenten manchmal *ad hominem*, indem sie eine Position auf die historischen (oft politischen oder religiösen) Lebensumstände oder auf reale oder vermeintliche Zwänge zurückführen, unter denen das Werk entstanden ist. Z.B.: „Seinen Gottesbeweis hat Wilhelm von Ockham nicht wirklich ernst gemeint; den hat er nur geschrieben, weil er vor der Kirche Angst hatte." Oder, noch allgemeiner: „Kants kategorischer Imperativ ist wenig überzeugend, aber er ist eben ein typisches Produkt *seiner* Zeit." Aber erstens ist nicht alles, was in der Vergangenheit entwickelt wurde, schon allein deswegen „überholt", und zweitens bringen solche Aussagen uns nicht weiter, wenn wir wissen wollen, ob Ockhams Gottesbeweis oder Kants Überlegungen zum kategorischen Imperativ richtig sind. Wenn Sie die Überlegungen eines Philosophen für falsch halten, dann stellen Sie besser keine Mutmaßungen über die Person des Autors an, sondern führen Sie einen Nachweis darüber, dass die Argumente nicht beweiskräftig sind (vgl. Kap. 2). Vielleicht werden Sie in manchen Fällen erstaunt sein, wie schwierig es ist, gegen das, was Sie intuitiv nicht überzeugend finden, philosophisch zu argumentieren.

All dies soll Sie nicht davon abhalten, sich mit den historischen oder biographischen Umständen zu befassen, unter denen philosophische Werke entstanden sind. Wenn man sie kennt, kann man bestimmte Ausführungen eines Philosophen oft besser verstehen. Aber die Lebensumstände widerlegen nicht seine Argumente. Falls Sie, aus welchen Gründen auch immer, einfach persönlich der Meinung sind, es lohne sich gar nicht, sich näher mit diesen Argumenten zu beschäftigen, dann schreiben Sie am besten keine Seminararbeit darüber.

5.8 Darf ich „ich" schreiben?
Verwandte Fragen: Ist der Gebrauch von „ich" unwissenschaftlich? Darf ich „wir" schreiben?

Am „ich" in wissenschaftlichen Texten scheiden sich die Geister. Ist es erlaubt, und wenn ja, in welchem Umfang und zu welchem Zweck? Nicht nur verschiedene Wissenschaftskulturen, sondern auch Dozenten innerhalb derselben Kultur machen unterschiedliche Vorgaben. Bei näherer Betrachtung zeigt sich, dass sie sich dabei auf unterschiedliche Verwendungen der ersten Person beziehen.

In aktuellen wissenschaftlichen Texten wird die erste Person Singular in drei Funktionen gebraucht:[12]

(1) Das Verfasser-Ich erscheint in sogenannten Metatexten, die innerhalb des Textes Bezüge herstellen. Beispiele: „Im folgenden Kapitel möchte ich...", „Wie ich eingangs dargestellt habe, ...".

(2) Das Forscher-Ich wird eingesetzt, um die eigene wissenschaftliche Position darzustellen. Beispiele: „Diese Aussage halte ich für irreführend...", „Ich definiere... wie folgt: ...", „Ich setze voraus, dass ...".

---

12 Wir übernehmen hier die Ergebnisse von Thorsten Steinhoff; vgl. Steinhoff (2007) S. 169–205. Steinhoff untersucht den „ich"-Gebrauch in sprach-, literatur- und geschichtswissenschaftlichen Aufsätzen; nach unserer Einschätzung sind die Ergebnisse auch für die Philosophie aussagekräftig.

(3) Das Erzähler-Ich, oder, wie wir es lieber nennen wollen, das autobiographische Ich[13] kommt zum Einsatz, um über den persönlichen Schreib- und Erkenntnisprozess oder sogar allgemein über sein Leben zu sprechen. Beispiele: „Mein ursprüngliches Vorhaben war...", „...wie mir beim Schreiben dieses Textes bewusst wurde."

Für einen generellen Verzicht auf die Ich-Form spricht der Umstand, dass sich individuelle Leistungen in der Wissenschaft immer der Vorarbeit von anderen verdanken. Als Gemeinschaftsunternehmen ist die Wissenschaft darauf aus, die Wahrheit zu finden und zu vermitteln. Überdies haben die Ergebnisse einen Anspruch auf Objektivität. Subjektive Elemente sollten daher in der Präsentation keine Rolle spielen.

Anderseits wird die Beweiskraft einer Begründung durch die Verwendung der ersten Person Singular weder vermehrt noch vermindert. Solange Sie keine Gründe liefern, ist es letztlich egal, ob Sie nun schreiben: „Da ich die Theorie der Seelenwanderung unplausibel finde, werde ich sie in der weiteren Betrachtung nicht berücksichtigen", oder ob Sie so formulieren: „Da die Theorie der Seelenwanderung unplausibel ist, wird sie in der weiteren Betrachtung nicht berücksichtigt." Ohne Nennung der Gründe sind beide Aussagen im philosophischen Austausch über die Seelenwanderung uninteressant.

Der Einsatz der Ich-Form kann Wissenschaftlern auch manchmal dienlich sein. So kann die Verwendung des Forscher-Ichs z.B. die Vorläufigkeit einer Einsicht betonen und ihren Wahrheitsanspruch einschränken. (Diese Strategie bezeichnet man auch als *hedging.*) Ein Beispiel dafür aus einem Text von Jürgen Habermas: „Von katholischer Seite [...] steht jedoch, wenn ich recht verstehe, einer autonomen (von Offenbarungswahrheiten unabhängigen) Begründung von Moral und Recht grundsätzlich nichts im Wege." [14] Habermas gesteht durch den Einschub („wenn ich recht verstehe") ein, dass er mit seiner Deutung der katholischen Position schiefliegen kann.

---

13 Die von Steinhoff gewählte Bezeichnung „Erzähler-Ich" ist insofern irreführend, als die autobiographischen Passagen in wissenschaftlichen Texten nur selten im engeren Sinn narrativ sind. Meist wird ein Berichtstil bevorzugt. Daher haben wir uns für die Bezeichnung „autobiographisches Ich" entschieden.

14 Habermas (2005), S. 107.

Mit Hilfe des Forscher-Ichs kann ein Autor außerdem signali-
sieren, dass ihm eine bestimmte Aussage besonders wichtig ist.
Ein Beispiel aus einem Text von Nietzsche: „Die Unmännlich-
keit dessen, was in [...] Schwärmerkreisen ‚Mitleid' getauft wird,
springt, wie ich meine, immer zuerst in die Augen. – Man muss
diese neueste Art des schlechten Geschmacks kräftig und gründlich in den Bann thun; und ich wünsche endlich, dass man das
gute Amulet ‚gai saber' sich dagegen um Herz und Hals lege, –
‚fröhliche Wissenschaft', um es den Deutschen zu verdeutlichen."[15] Mit dem „ich wünsche" macht der Autor deutlich, dass
das Folgende sein philosophisches Programm ist. Im Vergleich
dazu sind Formulierungen wie „es ist wünschenswert" blasser
und weisen dem Gesagten weniger Gewicht zu.

Zugunsten der Ich-Form spricht oft auch, dass sie schlankere,
verständlichere Formulierungen erlaubt. Dies gilt sowohl für das
Forscher-, wie auch für das Verfasser-Ich. Ein Beispiel aus einem
Text von Reinold Schmücker: „Nur in diesem speziellen Sinn
spreche ich auch künftig von Kunst, wo ich auf erläuternde Zusätze verzichte. [...] Außerdem unterscheide ich zwischen den Vokabeln ›Kunst‹ und ›Kunstwerk‹ künftig nur noch da, wo ihre Diffe-
renz von Bedeutung ist. Wo sie keine Rolle spielt, spreche ich
stattdessen summarisch und abkürzend vom Kunstbegriff. Darunter verstehe ich [...]. In analoger Weise unterscheide ich [...]."[16]
Im Passiv würde dieselbe Aussage viel umständlicher klingen:
„Nur in diesem speziellen Sinn wird auch künftig von Kunst gesprochen, sofern auf erläuternde Zusätze verzichtet wird. [...] Außerdem wird zwischen ... nur noch unterschieden, wo die Diffe-
renz von Bedeutung ist."

Die bisher vorgestellten Beispiele betrafen das Verfasser-Ich
und das Forscher-Ich. Die Verwendung der ersten Person Singular in diesen beiden Funktionen ist unter Wissenschaftlern allgemein weitgehend akzeptiert,[17] nach unserer Einschätzung ist die
Akzeptanz in der Philosophie sogar besonders hoch. Die Verwendung der ersten Person in der autobiographischen Funktion
wird hingegen meist als unwissenschaftlich eingeschätzt.[18] Hier
greift der oben beschriebene Vorbehalt, dass wissenschaftliche

---

15 Nietzsche (1980), S. 236.
16 Schmücker (2014), S. 76.
17 Vgl. Steinhoff (2007).
18 Vgl. Steinhoff (2007).

Texte objektive Sachverhalte darstellen sollen, und die Lebensumstände des Forschers dafür unerheblich sind.

Ein generelles Autobiographie-Verbot scheint uns jedoch für
philosophische Texte nicht haltbar. Philosophen berichten durchaus über sich selbst, ihr Leben und Erleben. Hier ein Beispiel
aus dem Text *Über die Gewohnheit, und daß man ein Herkommen
nur vorsichtig abändern soll,* einem von Montaignes Essais:

> „Merkwürdiger ist noch, daß trotz langer Pausen die abschwächende
> Wirkung der Gewohnheit auf unsere Sinneswahrnehmungen erhalten
> bleibt diese Erfahrung machen alle, die in der Nähe von Glocken-
> türmen wohnen. So wohne ich bei mir zu Haus in einem Turm, wo
> eine große Glocke hängt, die alltäglich früh und abends das Ave
> Maria läutet. Dies Getöse läßt den ganzen Turm wackeln, jedesmal
> erscheint es mir in den ersten Tagen unerträglich, aber ich gewöhne
> mich dann sehr bald so daran, daß es mir nichts mehr ausmacht und
> mich oft nicht einmal im Schlafe stört."[19]

Dass Montaigne ein Beispiel aus seiner persönlichen Erfahrung
anführt, entspringt seinem philosophischen Selbstverständnis,
dem zufolge der Sinn des Philosophierens in der Reflexion auf
das eigene Leben liegt.

Ein modernes Beispiel für einen autobiographisch eingefärb-
ten Bericht liefert Peter Singer, der seinen berühmten Aufsatz
Hunger, Wohlstand und Moral mit folgendem Satz beginnt: „Während ich dies schreibe, im November 1971, sterben in Ostbenga-
len Menschen, weil es ihnen an Nahrung, Obdach und medizini-
scher Versorgung fehlt."[20] Auch hier macht der autobiographische (und zugleich historische) Verweis deutlich, dass der Autor
seine Überlegungen nicht nur für theoretisch interessant hält.
Er hebt ihre existentielle Bedeutung hervor: „Was ich hier schreibe", hätte er auch sagen können, „ist von größter Bedeutung für
mich und für die Menschheit, denn jeden Augenblick sterben
Menschen, weil die Bewohner wohlhabender Länder nicht ihrer
Pflicht zu helfen nachkommen." Vielleicht stellt Singer durch
die gewählte Form auch in Frage, ob er und seine Leser (mehr-
heitlich Bewohner wohlhabender Länder) gerade das Richtige
tun, wenn sie Texte über Moral schreiben und lesen, während

---

19 Montaigne (1980), S. 62.
20 Singer (2007), S. 37.

woanders in der Welt Menschen leiden und sterben. Der Passus ist im Übrigen nicht ohne Pathos (vgl. Kap. 2): Im Leser werden dadurch Emotionen geweckt, die ihn zumindest geneigt machen, sich sehr genau durchzulesen, welche Konsequenzen Singer aus der ungleichen Verteilung des Wohlstands zieht.

Die Beispiele zeigen, dass autobiographische Berichte in philosophischen Texten sinnvoll sein können, sofern sie in einem nachvollziehbaren Zusammenhang zum argumentativen Ziel des Textes stehen. Sie sind kein Selbstzweck, und sie sollten nicht einfach einer Plauderlaune oder der stilistischen Unbeholfenheit der Autorin entspringen. Insgesamt aber geht man im modernen Wissenschaftsbetrieb eher sparsam mit der ersten Person Singular um. Wer eine inflationäre Verwendung vermeiden will, muss sprachliche Alternativen finden. Autoren wissenschaftlicher Texte nutzen verschiedene Floskeln, um indirekt auf sich selbst zu verweisen:[21]

- „muss die Frage gestellt werden" (werden-Passiv plus Modalverb)
- „sei die Anmerkung erlaubt" (Zustandspassiv)
- „lässt sich sagen" („lassen" plus „sich" und Verb im Infinitiv)
- „findet im nächsten Kapitel Berücksichtigung" (Funktionsverbgefüge)
- „durch die Darstellung der beiden Positionen ist deutlich geworden" (Nominalisierungen)
- „Im 2. Teil der vorliegenden Arbeit wird untersucht" (Passivkonstruktionen)
- „Der 2. Teil dieser Arbeit untersucht" (Subjektschübe)

Einige Wendungen, mit denen Autoren in älteren akademischen Texten auf sich selbst Bezug nehmen, gelten mittlerweile als antiquiert, so vor allem der Ausdruck „der Verfasser dieser Arbeit" und die Verwendung von „wir". (Nicht gemeint ist damit das „wir", mithilfe dessen sich mehrere Autoren bezeichnen.) In der deutschen Wissenschaftskommunikation wird die erste Person Plural – besonders in studentischen Texten – leicht als unangemessene Vereinnahmung empfunden.

Vorsicht ist in der Philosophie übrigens auch geboten, wenn Sie mit dem „wir" auf alle Menschen referieren, z.B.: „Wir alle

---

21 Unvollständige Übernahme aus: Steinhoff (2007), S. 165 f.

wollen doch..." oder „...wie wir es alle empfinden". Solche Sätze
können tiefgreifende Annahmen über die *conditio humana*, also
über die Bedingungen des Menschseins, implizieren, obwohl
Sie vielleicht nur einen unverfänglichen Hinweis auf bestimmte
geteilte Erfahrungen geben wollen. Hinterfragen Sie stets, was
Sie „uns Menschen" implizit zuschreiben, wenn Sie in Ihrem
philosophischen Text in der ersten Person Plural Behauptungen
aufstellen. Wenn Sie dasselbe Ergebnis auch erzielen, indem Sie
schreiben, dass *einige* von uns etwas Bestimmtes wollen oder
empfinden, dann können Sie auf das schwere anthropologische
Geschütz verzichten.

Zusammenfassend kann man also auf die Titel-Frage so antworten: Ja, die Mehrzahl der Dozenten akzeptiert die Ich-Form,
wenn sie in der Funktion des Verfasser- und des Forscher-Ichs verwendet wird und wenn es an der entsprechenden Stelle in Ihrer
Seminararbeit gute Gründe dafür gibt. Beim autobiographischen
Ich sollten Sie vorsichtig sein und genau prüfen, ob der Verweis
auf Ihre Lebensgeschichte für Ihre Argumentation wichtig ist.

5.9 Was muss ich in meinem Text erklären und was nicht? *Verwandte Fragen:* Wo muss ich in meinen Erklärungen in die Tiefe gehen? Für welchen Leser schreibe ich eigentlich? Was darf ich bei meinem Leser als bekannt voraussetzen?

Die Frage, was man eigentlich in einer Seminararbeit erklären
muss, treibt sowohl Anfänger wie auch fortgeschrittene Studenten um: „Darf ich diese Theorie einfach nennen oder muss ich
sie erläutern?", „Wie gehe ich mit Fachbegriffen um? Ich kann
doch nicht immer alle erläutern?", „Muss ich die Philosophen,
über die ich schreibe, kurz vorstellen?" – Die Frage betrifft nicht
die eigenen Argumente, die natürlich ausführlich dargestellt
werden müssen, als vielmehr die Kenntnisse, die man dem Leser zunächst vermitteln muss, um sie diskutieren zu können.
Eine für jeden Text gültige Antwort darauf gibt es nicht. Entscheidend ist zum einen die Bedeutung des zu erläuternden Begriffs oder der zu erklärenden Theorie für die eigene Untersuchung, und zum anderen der Leser, für den man schreibt.

Zunächst zum Kriterium der Relevanz: Bei allem, worauf sich
Ihre Arbeit maßgeblich stützt, sollten Sie sicherstellen, dass Sie da-

runter dasselbe verstehen wie Ihre Leser. Wenn Sie prüfen wollen, unter welchen Umständen lebenserhaltende Maßnahmen zulässig oder geboten sind, müssen Sie sicher klären, ab wann jemand tot ist. Dazu müssen Sie den Begriff des Todes erläutern. Wenn Sie hingegen für den Vegetarismus argumentieren wollen, wäre eine solche Erläuterung irrelevant: Denn für die Begründung des Verbots, tote Tiere zu essen, spielt es keine Rolle, ab wann sie tot sind. Das Gleiche gilt für alle Worte, die in der Philosophie unterschiedliche Bedeutungen haben – Ausdrücke wie „Intuition", „Naturzustand", „Geist", „Ding", „Wille", „Identität". Wenn die Bedeutung des Worts für die Beweiskraft Ihrer Argumentation erheblich ist, müssen Sie es erläutern, weil man als Leser sonst nicht versteht, warum das, was Sie vorbringen, ein Argument sein soll. Wenn die Bedeutung unerheblich ist, können Sie die Erläuterung weglassen. Sie können sich bei Ihrer Erläuterung übrigens ohne weiteres auf eine bereits in der Literatur gelieferte Erklärung stützen („Ich verstehe X so wie Philosophin N.N., vgl. Quellenangabe."). Je etablierter ein Wortverständnis ist, umso besser für Ihr Argument! Weil es für das Verständnis einer fremden philosophischen Argumentation meist unerheblich ist, wann der Philosoph Geburtstag hatte, sollten Sie auch solche und verwandte Angaben in der Regel weglassen. Mithilfe des ersten Kriteriums können Sie also herausfinden, *welche* Begriffe Sie erläutern müssen (hierzu vgl. auch Kap. 2).

In welcher Tiefe und wie ausführlich sie erläutert werden sollten, sollten Sie dann von den Vorkenntnissen des Lesers abhängig machen; dies ist das zweite Kriterium. Im Blick darauf stehen Studenten vor einer großen Herausforderung. Der (meist einzige) Leser einer philosophischen Seminararbeit ist der Prüfer. Wie erklärt man aber als Anfänger einem Experten etwas in angemessener Weise? Als Anfänger kann man die für den Experten angemessene Tiefe und Ausführlichkeit einer Erklärung weder einschätzen noch erbringen. Im Zweifelsfall scheinen die Erklärungen immer unnötig, da der Dozent „das ja sowieso besser weiß", wie Studenten mutmaßen. Einige Dozenten wiederum empfehlen, dass Studenten sich mit ihren Texten an durchschnittlich intelligente, interessierte Laien richten sollten. Jedoch haben Studenten bereits nach kurzer Zeit Kenntnisse erworben, die Eltern, Geschwister oder Freunde nicht teilen, und sie bemerken schnell, dass sie die Anforderungen der Textsorte Seminararbeit (vgl. Kap. 2) nicht erfüllen, wenn sie die Tiefe und Ausführlichkeit ihrer Erklärungen an Laien ausrichten.

Aus dieser Zwickmühle kommen Sie heraus, wenn Sie weder für völlige Laien, noch für Dozenten, sondern für eine Kommilitonin schreiben, die ungefähr dasselbe Studienniveau wie Sie hat und im selben Seminar gesessen hat. Genau deswegen können Sie in einer Seminararbeit zu Kant beispielsweise den Ausdruck „Deontologie" unerläutert lassen: Wer im Seminar anwesend war, weiß Bescheid, dass das Pflichtenlehre heißt. (Ausführlicher zum Adressaten einer Seminararbeit in Kap. 3.)

Dennoch ist es ein guter Test für Sie selbst, ob Sie das, was Sie in Ihrer Arbeit schreiben, prinzipiell auch einem Laien erklären können: Wer feststellt, dass er seinen WG-Mitbewohnern, Eltern oder Geschwistern nicht vermitteln kann, woran er gerade arbeitet, sollte Übersetzungsarbeit leisten – und zwar zuerst einmal für sich selbst. Was man nicht (evtl. mit einigen theoretischen Abstrichen) in einfachen Worten erklären kann, hat man nicht verstanden. Der fachwissenschaftliche Diskurs nutzt bestimmte Termini als Abkürzungen. Wenn man sie nicht auflösen kann, liegt der Verdacht nahe, dass man als Autor den wissenschaftlichen Voraussetzungen, die man in seinem Text macht, selbst nicht gewachsen ist.

5.10 Wie viele Fachbegriffe und Fremdwörter darf oder soll der Text enthalten?

Sowohl für Fremdwörter wie für Fachbegriffe gilt, dass sie an den Stellen im Text eingesetzt werden sollen, wo sie etwas benennen, was andernfalls mehr oder weniger aufwändig umschrieben werden müsste. So bezeichnen Philosophen z.B. einen Fehlschluss, bei dem die Schlussfolgerung schon offen oder versteckt in den vorausgesetzten Annahmen steckt, knapp als „petitio principii". „Petitio principii" ist sowohl ein Fremdwort wie auch ein Fachausdruck.

Dies ist nicht bei allen Fachausdrücken der Philosophie der Fall. In der Philosophie begegnen Ihnen viele Wörter, die Ihnen aus der deutschen Alltagssprache mehr oder weniger vertraut sind, die aber im philosophischen Kontext eine spezifische Bedeutung haben können, z.B.: „Ding", „Leib", „Selbst", „Wissen", „Verstand", „Erfahrung", „Wert", „Wesen". (In anderen Sprachen gibt es natürlich dasselbe Phänomen.) Wer als Studienanfänger ein solches Wort gemäß seinem persönlichen Verständnis verwendet, läuft Gefahr, auf eine theoretisch hochexplosive Mine zu treten. So etwas ist verzeihlich, sofern die Verwendung der entsprechenden Ausdrücke nicht durch die Seminarsitzungen und

-lektüre bekannt ist bzw. sein sollte. Oft aber haben Studienanfänger die Begriffe irgendwo aufgeschnappt und wissen auch, dass sie philosophisch aufgeladen sind. Bevor man in seinem Text ein solches Wort verwendet, sollte man sicherheitshalber in einem philosophischen Wörterbuch nachschlagen. Dann können Sie dem Leser erklären, in welchem Sinn Sie es verstanden wissen möchten.

Für Fachausdrücke, die Fremdwörter sind, gilt natürlich dasselbe. Beispiele sind Worte wie „Substanz", „Ästhetik", „metaphysisch", „Ideal", „Idee" usw. Auch diese Worte sind zum Teil in die allgemeine Bildungssprache eingezogen und haben in der Philosophie eine speziellere Bedeutung, die es zu berücksichtigen gilt.

Daneben gibt es noch Fremdwörter, die keine spezifische Bedeutung innerhalb des Faches haben. Für manche von ihnen gibt es ein geläufiges deutsches Pendant, andere hingegen drücken etwas aus, das nicht mit einem einzigen deutschen Wort genauso benannt werden könnte. Sie haben, wie man sagt, einen eigenen semantischen Gehalt. Ein Beispiel dafür ist das Wort „Affinität". „Wesensverwandtschaft" oder „Grenznähe" haben nicht denselben Begriffsinhalt. Eine Umschreibung (z.B.: „durch Übereinstimmung oder Ähnlichkeit verursachte Anziehung oder Annäherung") wäre ziemlich umständlich. Wenn genau das, was Sie ausdrücken wollen, sich mit einem solchen Fremdwort am besten bezeichnen lässt, dann sollten Sie das Fremdwort der Umschreibung vorziehen.

Wenn es für das Fremdwort ein gleichwertiges deutsches Wort gibt, haben Sie die Wahl. Bedenken Sie, dass das Fremdwort in diesem Fall nicht per se besser, intelligenter oder „wissenschaftlicher" ist als das deutsche Wort. Mal kann es sein, dass das Fremdwort im wissenschaftlichen Diskurs etabliert ist und die Verwendung einfach den Konventionen entspricht. Wer z.B. von den „positiven" Folgen einer Sache spricht, könnte genauso gut auch von den „guten" Folgen sprechen, doch in der modernen Fachdiskussion wird man eher den ersten als den zweiten Ausdruck antreffen. (Beide Begriffe sind gleich weit: Man kann u.a. jeweils sowohl moralisch wünschenswerte als auch nutzbringende Folgen darunter verstehen.) Wenn das Fremdwort selten und ungebräuchlich[22] und auch im Fachdiskurs nicht etab-

---

22 Das ist natürlich eine relative Angabe.

liert ist, und wenn es überdies ein geläufiges deutsches Pendant gibt, spricht viel dafür, letzteres zu verwenden. Das Fremdwort bereitet dem Leser unter Umständen nur unnötig Mühe.

Ihr Text sollte also genau so viele Fachbegriffe und Fremdwörter enthalten, wie es notwendig und sinnvoll ist. Wie viele das genau sind, lässt sich nicht allgemeingültig angeben. Einen wichtigen Rat gibt es aber: Verwenden Sie nur Fachbegriffe und Fremdwörter, die Sie selbst verstehen.

5.11 Was gehört in die Einleitung?
Verwandte Fragen: Darf oder soll man in der Einleitung immer schon alles vorwegnehmen? Soll ich dort schon mein Ergebnis nennen?

Philosophische Abhandlungen sind üblicherweise in einem Dreischritt gegliedert: Einleitung, Hauptteil, Schluss. Bei längeren Texten erscheint die Einleitung meist als kurzes, separates Kapitel ohne weitere Untergliederung. Bei kürzeren Texten reichen auch wenige einleitende Sätze. (Achtung: In manchen Fächern gelten diesbezüglich andere Konventionen.)

Die Einleitung funktioniert ähnlich wie die Wegbeschreibung in einem Wanderführer: Sie stellt das Ziel in Aussicht, benennt die Meilensteine, steckt das Terrain ab. Sie soll zudem das Interesse des Lesers wecken und ihn im Bestfall von der Relevanz der vorliegenden Untersuchung überzeugen.

Eine Einleitung muss mindestens die Problemstellung nennen (1). Wir empfehlen Ihnen, dass Sie im Rahmen der Problemstellung auch Ihr Beweisziel, also Ihre These, nennen. Eventuell formulieren Sie auch eine Forschungsfrage. (Ausführlicher zu These und Forschungsfrage in Kap. 4.2) Damit die Einleitung ihre weiteren Funktionen erfüllen kann, sollte sie außerdem den Aufbau der Arbeit erläutern (2), indem Sie angeben, in welchen Schritten das Problem gelöst wird und warum das gewählte Vorgehen sinnvoll ist. Bitte geben Sie in diesem Abschnitt nicht nur das Inhaltsverzeichnis wieder, sondern erläutern Sie Ihr Vorgehen.

Bei längeren Arbeiten gibt es manchmal auch eine Hinführung zu der Problemstellung (3). Hier kann man z.B. bekannte Positionen, die zu dem entsprechenden Problem im Fachdiskurs vertreten werden, vorstellen und die eigene Arbeit einordnen. Man kann Bezug auf eine aktuelle Situation nehmen, indem man beispielsweise aufzeigt, aus welchen Zuständen, Situationen, Ereignissen und Handlungen die Notwendigkeit, das Problem zu lösen, erwächst. Oder im Fall von Problemen der Interpretation kann man Angaben zu dem Text machen, indem man beispielsweise erklärt, in welchem Kontext die schwierige Stelle, die man untersuchen will, steht. Achten sie darauf, dass die Hinführung schnell zum Anliegen Ihrer Arbeit führt, das heißt u.a.: Beginnen Sie nicht bei den Anfängen der Philosophie oder gar der Weltgeschichte (außer Ihr Text handelt davon); behaupten Sie nicht, dass die Lösung für die gesamte Menschheit interessant ist (außer Sie wissen sicher, dass das zutrifft); vermeiden Sie außerdem pauschalisierende Einstiege wie „Der Tod war immer schon...".

Vielleicht scheint es Ihnen naheliegend, als erstes die Einleitung zu schreiben, um so Ihre Arbeit zu planen. Andererseits weiß man erst nach der Erstellung des Hauptteiles genau, was im Text eigentlich passiert, und sollte daher die Einleitung als letztes schreiben. Weil beides richtig und sinnvoll ist, raten wir Ihnen dazu, die Einleitung zweimal zu schreiben, einmal zu Beginn Ihres Arbeitsprozesses und einmal ganz am Ende. Wichtig ist, dass Sie sich dabei der unterschiedlichen Zwecke bewusst sind:

1) Wenn Sie die *Einleitung vor dem Verfassen des Hauptteils schreiben,* schreiben Sie sie für sich selbst. Sie klären Ihr Anliegen und entwickeln eine konkretere Vorstellung von Ihrem Text. Verwenden Sie viel Mühe auf das Ausformulieren der Problemstellung und der zentralen Frage bzw. These. Seien Sie hier bei der Wortwahl präzise und fragen Sie sich immer wieder: Was muss ich in meiner Arbeit leisten, wenn ich diese Frage beantworten bzw. diese These überprüfen will? Außerdem plausibilisieren Sie die Vorgehensweise so gut wie möglich. Hingegen müssen Sie sich in dieser Arbeitsphase noch nicht darum bemühen, zur Problemstellung hinzuführen. Auch die Gesamtgestalt Ihrer Einleitung, die Übergänge und stilistischen Feinheiten sind zu diesem Zeitpunkt unwichtig.

2) Wenn Sie die *Einleitung nach Fertigstellung des Hauptteils schreiben,* richten Sie sie an den Leser. Entscheiden Sie im ersten Schritt, ob Sie an Ihrem Einleitungsentwurf, den Sie zur Vorbereitung geschrieben haben, weiterarbeiten oder diesen lieber verwerfen. Wenn Sie das Gefühl haben, dass der erste Anlauf wenig geglückt ist oder Ihr fertiger Text sehr stark von Ihrem ursprünglichen Vorhaben abweicht, dann ist es wahrscheinlich

einfacher, eine ganz neue Version zu schreiben. Wenn Sie sich entscheiden, den ersten Entwurf beizubehalten, prüfen Sie im nächsten Schritt, ob die Formulierungen Ihrer Problemstellung bzw. Ihrer These mit dem übereinstimmt, was Sie im Hauptteil tatsächlich bearbeiten bzw. beweisen. Prüfen Sie außerdem, ob der in der Einleitung angekündigte Aufbau dem tatsächlichen Aufbau des Hauptteils und der Argumentation entspricht. Wahrscheinlich müssen Sie einige Änderungen vornehmen, weil sich z.B. während des Schreibens ergeben hat, dass Sie Ihre Problemstellung weiter eingrenzen müssen, oder weil Sie letztlich für eine schwächere These als die eingangs aufgestellte argumentiert haben. Zuletzt feilen Sie an der Gesamtdarstellung – hier ist etwas Mühe gut investiert. Unterschätzen Sie die Wirkung einer Einleitung nicht!

Tipp: Im Online-Material finden Sie Beispiele für Einleitungen.

5.12 Was gehört in das Fazit?
Verwandte Fragen: Soll ich im Fazit immer einen Ausblick geben? Soll ich im Fazit meine eigene Meinung darstellen?

Einleitung und Schluss bilden den Rahmen der Untersuchung, die im Hauptteil stattfindet. Diese beiden Textteile gehören zusammen. Während die Einleitung die Vorschau auf die Untersuchung bietet und dem Leser erklärt, was er erwarten darf, liefert der Schluss eine Rückschau und erinnert ihn daran, wie diese Erwartungen erfüllt wurden.

Der Schluss ist ein reiner Leserservice. Bei sehr kurzen Arbeiten brauchen Leser diesen nicht unbedingt. Wenn Sie einen Schlussteil schreiben wollen, dann sollte er auf jeden Fall zwei Dinge leisten: Er sollte 1) die Ergebnisse der Arbeit bündeln und 2) die Schlussfolgerung auf den Punkt bringen. Bei längeren Arbeiten kann es zudem hilfreich sein, 3) die Begründung zu rekapitulieren. Als Fragen, die Sie beim Schreiben in den Blick nehmen sollten, schlagen wir Ihnen die folgenden vor: In welchen Schritten wurde im Hauptteil argumentiert? (Evtl.: Gab es dabei wichtige Zwischenergebnisse?) Wie lautet die zentrale Schlussfolgerung der Untersuchung?

Als Meta-Text (vgl. Kap. 4.3) behandelt der Schluss nichts inhaltlich Relevantes, das heißt, die gesamte Begründung gehört in den Hauptteil. Insbesondere die kritische Bewertung und Diskussion von Argumenten, seien es nun die eigenen oder fremde, muss im Hauptteil stattfinden und darf nicht floskelhaft ins Fazit „gestopft" werden. (Wir betonen diesen Punkt, da sich diese Strategie häufiger in studentischen Texten findet.) Daraus folgt auch, dass das Fazit *nicht* der Ort ist, um die persönliche Meinung anzubringen! Die Meinung des Autors ist relevant, sofern er Gründe dafür anführt, und diese gehören in den Hauptteil (vgl. FAQ 5.8).

Aus der Funktion des Schlussteils folgt auch, dass man hier nicht darüber sinniert, was man im thematischen Zusammenhang vielleicht noch hätte bearbeiten können. Schreiben Sie keine Kataloge mit Fragen, die auch interessant gewesen wären, machen Sie keine neuen Diskussionsfelder auf, die Sie an dieser Stelle nicht mehr bearbeiten können. (Keine Regel ohne Ausnahme: Wenn es sich aus der Problemstellung ergibt, kann ein Ausblick sinnvoll sein. Entgegen einer weitverbreiteten Meinung ist er aber kein verpflichtendes Element des Schlussteils!) Sie sollten dem Leser im Übrigen auch keine pathetischen Abschiedsworte mit auf den Weg geben. Setzen Sie den Schlusspunkt, wenn alle sachlich wichtigen Punkte gesagt sind.

5.13 Wie schreibe ich einen Essay?
Verwandte Fragen: **Wie unterscheiden sich Essay und Seminararbeit? Darf ich in Essays schreiben, was ich denke?**

In manchen Prüfungsordnungen werden als eine mögliche Prüfungsform Essays verlangt. Studenten fragen sich daher häufig, was philosophische Essays auszeichnet und ob hier etwas anderes als bei gewöhnlichen Seminararbeiten zu beachten ist.

Das Fremdwort „Essay" stammt aus dem Englischen, das sich hier wiederum an das französische „essai" anlehnt. Es bedeutet soviel wie „Probe, Untersuchung, Prüfung". Essays sind meist – aber nicht immer – kürzere Prosatexte, die ein beliebiges Thema aus den Wissenschaften, der Kultur oder dem Alltagsleben behandeln. In der Philosophiegeschichte gibt es aber auch längere Werke, die im Titel das Wort „Essay" führen, z.B. Lockes „Essay concerning Human Understanding".

In der Literaturwissenschaft wird der Essay meist als eine unsystematische, nicht nur diskursiv, sondern auch ästhetisch überzeugende und subjektive Prosagattung beschrieben.[23] Diese Kennzeichnung trifft auch auf manche philosophische Essays zu. Hier ist vor allem Montaigne (1533-1592) zu nennen, der erste Autor, der seine Texte selbst als Essays bezeichnet hat.[24] Sein Ziel ist allerdings nicht Selbst*ausdruck*, sondern Selbst*prüfung*. Montaigne will zu einer unverstellten, schonungslosen, objektiven Sicht auf sich gelangen. Er beschreibt sein Vorgehen so:

> „Gewöhnlich sehen die Menschen auf ihr Gegenüber, ich richte meinen Blick nach innen; dort bohrt er sich ein, dort hat er seine Freude. Jeder blickt vor sich, ich blicke in mich. Ich habe es nur mit mir zu tun; unaufhörlich beobachte ich mich, beaufsichtige ich mich, genieße ich mich. Die anderen gehen, genau genommen, immer woanders hin; sie gehen immer von sich fort. [...] Ich dagegen wälze mich sozusagen in mir selbst."[25]

Zur Prüfung gehört bei Montaigne auch die Reflexion über seine Lektüre oder über Geschichten, die ihm zugetragen wurden, er prüft sich als rationales, gebildetes, weltoffenes Ich. Daher enthalten seine Essays eine Fülle von Zitaten und Anekdoten. Montaigne gibt jeweils rational nachvollziehbare Gründe dafür an, warum er zu einer bestimmten Position gelangt ist. Doch schreibt er häufig nicht, dass aufgrund des Gesagten bestimmte Tatsachen oder Regeln gelten, sondern dass *er* sich aus den angeführten Gründen bestimmte Einsichten oder Maximen *zu eigen gemacht habe*. Er räumt damit dem philosophischen Forscher-Ich und – sofern er beschreibt, wie er nach seinen Einsichten lebt – auch dem autobiographischen Ich einen hohen Stellenwert ein (vgl. FAQ 5.8). Viele seiner Essays sind im Aufbau sprunghaft, sie scheinen das noch unstrukturierte Nachdenken über ein Thema abbilden zu sollen. Mit diesem Kunstgriff hebt Montaigne die Tätigkeit des Philosophierens gegenüber den Ergebnissen hervor (vgl. Kap. 2). Diese Tätigkeit ist prinzipiell unabgeschlossen; sie kann auch von Tag zu Tag zu unterschiedlichen Ergebnissen gelangen. Daher entspricht ihr die Kurzform des Essays weit besser als ein lan-

---

23 Vgl. z.B. Wilpert (2013), Artikel „Essay" sowie Ostermann (2009), Spalten 1460-1468.

24 Unter anderem Namen gab es Essays auch schon in der Antike; z.B. Senecas „Briefe an Lucilius".

25 Montaigne (1980), S. 258.

ger Traktat, der den Autor darauf festlegt, über einige Monate oder Jahre an der Begründung einer bestimmten Position zu feilen.

Kurz nach Montaigne publizierte Francis Bacon (1561-1626) seine nicht minder berühmten „Essays", die zum Teil sogar über dieselben Themen handeln, aber rhetorisch ganz anders angelegt sind. Bacon prüft nicht sich selbst, sondern er stellt prägnante Thesen auf und begründet diese in stringenter Form. Bacon verwendet durchaus die erste Person Singular, doch tritt das autobiographische Ich hinter das Forscher-Ich und das Verfasser-Ich zurück (vgl. FAQ 5.8).

Die von Bacon begründete Essaytradition wirkt bis heute vor allem in der angelsächsischen Welt fort. An nordamerikanischen oder britischen Universitäten werden Studenten gezielt im Essayschreiben geschult. (Geben Sie einmal in einer Suchmaschine die Worte „philosophical essay" oder „philosophy essay" ein: Sie werden auf den Homepages der philosophy departments auf zahlreiche, oft sehr nützliche Anleitungen stoßen.) Ein Essay beginnt danach immer mit einer möglichst knapp zu formulierenden These, die dann mit einem lückenlosen und logisch korrekten Beweis begründet werden soll. Meist geht es darum, eine systematische These zu prüfen, aber grundsätzlich kann man natürlich auch Essays schreiben, die eine bestimmte Interpretation vorschlagen und prüfen.[26] Genau dies empfehlen wir Ihnen in diesem Ratgeber auch für Ihre Seminararbeiten. Auch das Stilideal, das in der angelsächsischen Tradition gilt, ist dasselbe, wie wir es Ihnen hier für Seminararbeiten empfehlen: Klarheit und Eindeutigkeit, Transparenz im Aufbau bei ansprechender sprachlicher Gestaltung.

Wenn Dozenten im Fach Philosophie von Ihnen erwarten, einen Essay zu schreiben, dann denken sie meist an einen Text, der sich an der angelsächsischen Tradition orientiert. Fragen Sie aber auf jeden Fall nach! Manche Dozenten werden Ihnen außerdem erklären, dass ein Essay insofern „freier" als andere Seminararbeiten sein darf, als Sie auf bestimmte wissenschaftliche Standards wie z.B. eine Kapiteleinteilung verzichten können. Letzte-

---

26 In der fachdidaktischen Diskussion versteht man unter philosophischen Essays oft Texte über systematische oder Sachfragen; vgl. Pfister (2014), S. 71 ff. Diese Eingrenzung ist nicht zwingend; es gibt nicht nur in der Philosophie, sondern auch in der Literatur- und Kunstkritik natürlich zahlreiche Essays über fremde Werke.

res ist aber ein ganz äußerliches Kriterium, das vor allem mit der Kürze von Essays zusammenhängt. (Bei kurzen Texten ist eine explizite Einteilung in Kapitel meist überflüssig.) Manchmal wird Ihnen auch gesagt, dass man in einem Essay keine Sekundärliteratur behandeln muss. Auch dies kann sich schon aus dem begrenzten Umfang ergeben: Wenn Sie nur fünf Seiten haben, um eine These zu begründen, können Sie fremde Positionen, Theorien oder Argumente nicht ausführlich wiedergeben und kritisch betrachten. Manchmal ist der Verzicht auf Sekundärliteratur auch didaktisch motiviert: Ihr Dozent möchte, dass Sie selbständig über das fragliche Problem nachdenken. (Da sich beim Nachdenken aber oft Fragen ergeben, die Sie nicht mehr selbst lösen können, ist es dennoch hilfreich, in philosophische Wörter- und Handbücher und ähnliche Hilfsliteratur zu schauen.)

5.14 Ist es schlimm, wenn ich mir Hilfe seitens meines Dozenten hole und geht das in die Bewertung ein? *Verwandte Frage:* Wofür ist eigentlich die Sprechstunde gedacht?

Studenten haben manchmal Sorge, dass sie bei den Dozenten unerwünscht sind oder dass sich die Inanspruchnahme einer Beratung nachteilig auf die Bewertung der Hausarbeit auswirken könnte. Manche Studenten fürchten sogar, dass sie ihre Dozenten stören, wenn sie zur Sprechstundenzeit an deren Tür klopfen. Diese Sorge ist in aller Regel unbegründet. Die Sprechstunde ist nicht nur für die Abwicklung von Formalitäten wie Prüfungsanmeldungen eingerichtet, sondern ist eine wichtige Institution im Studium, die Gelegenheit zu einer intensiveren Zusammenarbeit zwischen Dozenten und Studenten bietet. Die meisten Dozenten haben auch Freude daran, die philosophische Ausbildung ihrer Studenten zu begleiten – vorausgesetzt, diese sind engagiert, an der Sache interessiert und um Eigenständigkeit bemüht. Sie dürfen sich außerdem darauf verlassen, dass Ihre Dozenten das Maß der zulässigen und angemessenen Hilfestellung einhalten, sodass Sie es nicht aus Versehen überschreiten können und dann dafür schlechter benotet werden. Da, wo Ihre Dozenten finden, dass Sie als Student oder Studentin etwas allein können sollten, werden sie Sie darauf hinweisen.

In der Sprechstunde können Sie Ihre Seminararbeit mit dem Prüfer besprechen. Dabei geht es nicht nur darum, sich „das

Thema absegnen zu lassen". Ihre Seminararbeit ist so etwas wie ein Lernprojekt, das in eine Prüfung mündet (vgl. Kap. 3). Sie üben damit das philosophische Arbeiten und Schreiben. Ihr Prüfer als ausgebildeter Wissenschaftler und fortgeschrittener Philosoph unterstützt Sie dabei. Sie können ihm z.B. inhaltliche Fragen stellen, Ihre Hypothesen und die Vorgehensweise diskutieren oder Literaturempfehlungen erbitten. Vor allem kann er Ihnen helfen, eine Problemstellung überhaupt erst einzukreisen – damit haben Studienanfänger naturgemäß oft Schwierigkeiten. Sie sollten deswegen mindestens einmal zu Beginn des Arbeitsprozesses in die Sprechstunde gehen. Zu der nächsten Sprechstunde können Sie vielleicht eine Problembeschreibung oder zwei alternative Gliederungsentwürfe mitbringen, um sie mit Ihrem Dozenten zu diskutieren. Wenn Sie vorbereitet in die Sprechstunde kommen, zeigen Sie, dass Sie eigenständig an Ihrem Projekt arbeiten – die erneute Inanspruchnahme der Beratung wird Ihnen dann keinesfalls negativ ausgelegt.

Bei Fragen, die sich auf Ihre Texte beziehen, empfiehlt es sich, diese dem Dozenten vorab per E-Mail zuzusenden. Denken Sie aber daran, dass er nach dem Versand Zeit braucht, um Ihren Text zu lesen! Zwei Tage sind das Minimum, in Zeiten hoher Arbeitsbelastung und bei längeren Texten auch mehr.

Sie haben zusätzlich die Möglichkeit, Ihre Seminararbeit nach der Benotung mit dem Prüfer zu besprechen, z.B. wenn Sie Anmerkungen an Ihrem Text oder die Gründe für die Note nicht verstehen. Auch in diesem Fall ist es sinnvoll, den Prüfer vor dem Sprechstundenbesuch per E-Mail zu informieren, dass Sie kommen wollen, um Ihre Arbeit zu besprechen. Für den Fall, dass der Prüfer Ihren Text nicht mehr hat, schicken Sie ihn als Anhang mit, damit er ihn vorab noch einmal anschauen kann.

Literaturverzeichnis

Beisbart, Ortwin (2002): Überlegungen zu einer veränderten Didaktik argumentativen und erörternden Schreibens. In: *LUSD* (16), S. 7–42.

Dörner, Dietrich (2006): Sprache und Denken. In: Joachim Funke (Hg.): Denken und Problemlösen. Göttingen: Hogrefe (Enzyklopädie der Psychologie Themenbereich C, Serie II: Kognition, 8), S. 619–646.

Eberhart, Ostermann (2009): Artikel „Essay". In: Gert Ueding (Hg.): Historisches Wörterbuch der Rhetorik Online, Bd. 2. Tübingen: De Gruyter. Online verfügbar unter https://www.degruyter.com/view/HWRO/essay, zuletzt geprüft am 10.03.2017.

Fermandois, Eduardo (2015): Über den Gebrauch von Beispielen in der Philosophie. In: Anna Wehofsits, David Löwenstein, Dirk Koppelberg und Gregor Betz (Hg.): Weiter Denken. Über Philosophie Wissenschaft und Religion. Berlin, Boston: De Gruyter, S. 89–103.

Flatscher, Matthias; Posselt, Gerald; Weiberg, Anja (2011): Wissenschaftliches Arbeiten im Philosophiestudium. Wien: Facultas (UTB Schlüsselkompetenzen, Philosophie, 3563). Online verfügbar unter http://www.utb-studi-e-book.de/9783838535630, zuletzt geprüft am 10.03.2017.

Frede, Dorothea (2001): Meditationen über Sein und Sinn philosophischer Probleme. In: Joachim Schulte und Uwe Justus Wenzel (Hg.): Was ist ein „philosophisches Problem"? Orig.-Ausg., 2. Aufl. Frankfurt am Main: Fischer-Taschenbuch-Verl. (Fischer Forum Wissenschaft Philosophie, 14931), S. 42–53.

Fuhrmann, Manfred (2003): Die antike Rhetorik. Eine Einführung. 5., überarb. Aufl. Mannheim: Artemis & Winkler.

Gabriel, Gottfried (2013): Logik und Rhetorik der Erkenntnis. Zum Verhältnis von wissenschaftlicher und ästhetischer Weltauffassung. 2., durchges. Aufl. Münster: mentis (Explicatio).

Glück, Helmut (Hg.) (2010): Metzler Lexikon Sprache. 4., aktualisierte und überarb. Aufl. Stuttgart u.a.: Metzler.

Groarke, Leo: Artikel "Informal Logic". In: Edward N. Zalta (Hg.): The Stanford Encyclopedia of Philosophy. Online verfügbar unter https://plato.stanford.edu/archives/spr2017/entries/logic-informal/, zuletzt geprüft am 22.02.2017.

Habermas, Jürgen (2005): Zwischen Naturalismus und Religion. Philosophische Aufsätze. Frankfurt am Main: Suhrkamp.

Hoyningen-Huene (2009): Systematizität als das, was Wissenschaft ausmacht. In: *Information Philosophie* (1), S. 22–27.

Huber, Michael (2014): Schreiben lernen! Schriftlichkeit in der Wissenschaft. In: *Mittelweg 36. Zeitschrift des Hamburger Instituts für Sozialforschung.* (6). S. 93–112.

Hübner, Dietmar (2013): Zehn Gebote für das philosophische Schreiben. 2. Aufl. Göttingen: Vandenhoeck & Ruprecht (UTB, 3642).

Hutcheson, Francis (2008): An inquiry into the original of our ideas of beauty and virtue. In two treatises. edited with an Introduction by Wolfgang Leidhold. Rev. ed. Indianapolis, Ind: Liberty Fund (Natural law and Enlightenment classics Collected works and correspondence of Francis

Hutcheson). Online verfügbar unter http://search.ebscohost.com/login. aspx?direct=true&scope=site&db=nlebk&db=nlabk&AN=524922, zuletzt geprüft am 10.03.2017.

Hutcheson Francis (1986): Eine Untersuchung über den Ursprung unserer Ideen von Schönheit und Tugend: Über moralisch Gutes und Schlechtes. Übersetzt und mit einer Einleitung herausgegeben von Wolfgang Leidhold. Hamburg: Felix Meiner Verlag.

Kienzle, Bertram (2008): Primäre und Sekundäre Qualitäten. Essay II. viii. 7-26. In: Udo Thiel (Hg.): John Locke: Essay über den menschlichen Verstand. 2. überarbeitete Auflage. München: Oldenbourg Akademieverlag (Klassiker auslegen, 6), S. 89–119.

Liessmann, Konrad Paul (2015): Über die allmähliche Verfertigung der Gedanken beim Schreiben. In: Sabine Schmölzer-Eibinger und Eike Thürmann (Hg.): Schreiben als Medium des Lernens. Kompetenzentwicklung durch Schreiben im Fachunterricht. 1. Aufl. Münster, New York: Waxmann (Fachdidaktische Forschungen, Bd. 8), S. 345–351.

Lumer, Christoph (2007): Überreden ist gut, überzeugen ist besser! Argumentativer Ethos in der Rhetorik. In: G. Kreuzbauer, N. Gratzl und E. Hiebl (Hg.): Persuasion und Wissenschaft. Aktuelle Fragestellungen von Rhetorik und Argumentationstheorie. Wien: LIT-Verlag, S. 7–33.

Macheiner, Judith (1998): Das grammatische Varieté oder Die Kunst und das Vergnügen, deutsche Sätze zu bilden. 2. Aufl., Reprint d. limitierten Bleisatzausg. Frankfurt am Main: Eichborn (Die andere Bibliothek, 74).

Merton, Robert King (1985): Entwicklung und Wandel von Forschungsinteressen. Aufsätze zur Wissenschaftssoziologie. Frankfurt am Main: Suhrkamp (Wissenschaftsforschung).

Mesch, Walter (2009): Artikel „Überredung, Überzeugung". In: Gert Ueding (Hg.): Historisches Wörterbuch der Rhetorik Online, Bd. 9. Tübingen: De Gruyter, Sp. 858–870, zuletzt geprüft am 21.02.2017.

Montaigne, Michel Eyquem de (1980): Die Essais. Hg. v. Arthur Franz. Stuttgart: Reclam (Universal-Bibliothek, 8308).

Nietzsche, Friedrich (1980): Also sprach Zarathustra. In: Friedrich Nietzsche: Sämtliche Werke. Kritische Studienausgabe, Bd. 4. Hg. v. Giorgio Colli und Mazzino Montinari. Berlin, New York: De Gruyter.

Nietzsche, Friedrich (1980): Jenseits von Gut und Böse. Vorspiel einer Philosophie der Zukunft. In: Friedrich Nietzsche: Sämtliche Werke. Kritische Studienausgabe, Bd. 5. Hg. v. Giorgio Colli und Mazzino Montinari. Berlin, New York: De Gruyter, S. 9–243.

Peters, Jelko (2004): Schriftliches Argumentieren – Aktualität – Bildungsstandards. Vorschläge zur Didaktik und Praxis des erörternden Schreibens. Hamburg: Dr. Kovač (Didaktik in Forschung und Praxis, 18).

Pfister, Jonas (2014): Fachdidaktik Philosophie. 2., korrigierte und aktualisierte Aufl. Bern: Haupt (UTB, 3324).

Platon (1957 u. ö.): Gorgias. In: Platon: Sämtliche Werke Bd. 1. Übersetzt von Friedrich Schleiermacher. Hamburg: Rowohlt.

Platon (1958 u. ö.): Phaidros. In: Platon: Sämtliche Werke Bd. 2. Übersetzt von Friedrich Schleiermacher. Hamburg: Rowohlt.

Platon (1958 u. ö.): Phaidon. In: Platon: Sämtliche Werke Bd. 3. Übersetzt von Friedrich Schleiermacher. Hamburg: Rowohlt.

Pohl, Thorsten (2009): Die studentische Hausarbeit. Rekonstruktion ihrer ideen- und institutionsgeschichtlichen Entstehung. Heidelberg: Synchron.

Reydon, Thomas (2013): Wissenschaftsethik. Eine Einführung. Stuttgart: Ulmer (UTB).

Rosenberg, Jay F. (2009): Philosophieren. Ein Handbuch für Anfänger. 6. Aufl. Frankfurt am Main: Klostermann (Klostermann Rote Reihe, 18).

Rüegg, Walter (1993) (Hg.): Geschichte der Universität in Europa. 4 Bände. München: C.H. Beck.

Saul, Jennifer (2012): Just go ahead and lie. In: *Analysis* 72 (1), S. 3–9.

Schindler, Kirsten (2015): Akademische Textkompetenz am Beispiel der Facharbeit entwickeln. In: Sabine Schmölzer-Eibinger und Eike Thürmann (Hg.): Schreiben als Medium des Lernens. Kompetenzentwicklung durch Schreiben im Fachunterricht. 1. Aufl. Münster, New York: Waxmann (Fachdidaktische Forschungen, Bd. 8), S. 249–266.

Schleiermacher, Friedrich (1998): Gelegentliche Gedanken über Universitäten in deutschem Sinn. In: Friedrich Schleiermacher: Kritische Gesamtausgabe, 1. Abt. Bd. 6. Hg. v. Dirk Schmid. Berlin: de Gruyter, S. 19–100.

Schmücker, Reinhold (2015): Kappes und Anti-Kappes. Eine Miszelle zur Philosophie des Plagiats. In: Christiane Lahusen und Christoph Markschies (Hg.): Zitat, Paraphrase, Plagiat. Wissenschaft zwischen guter Praxis und Fehlverhalten. Frankfurt am Main, New York: Campus Verlag, S. 163–180.

Schmücker, Reinold (2014): Was ist Kunst? Eine Grundlegung. Neuausg. Frankfurt am Main: Klostermann (Klostermann Rote Reihe, 70).

Scholz, Oliver R. (2015): Texte interpretieren. Daten, Hypothesen und Methoden. In: Jan Borkowski, Stefan Descher, Felicitas Ferder und Philipp David Heine (Hg.): Literatur interpretieren. Interdisziplinäre Beiträge zur Theorie und Praxis. Münster: Mentis-Verlag.

Schopenhauer, Arthur (1977): Über Schriftstellerei und Stil. Parerga und Paralipomena II: Kleine philosophische Schriften. Zürich: Diogenes Verlag.

Schwitzgebel, Eric: Artikel „Belief". In: Edward N. Zalta (Hg.): The Stanford Encyclopedia of Philosophy. Online verfügbar unter https://plato.stanford.edu/archives/sum2015/entries/belief/, zuletzt geprüft am 21.02.2017.

Seel, Martin (2001): Vom Handwerk der Philosophie. 44 Kolumnen. München, Wien: Carl Hanser Verlag (Edition Akzente). Online verfügbar unter http://www.gbv.de/dms/faz-rez/FD1200208121093241.pdf zuletzt geprüft am 10.03.2017.

Singer, Peter (2007): Hunger, Wohlstand und Moral. In: Barbara Bleisch (Hg.): Weltarmut und Ethik. Paderborn: mentis (Ethica, 13), S. 37–52.

Slaby, Jan (2008): Gefühl und Weltbezug. Die menschliche Affektivität im Kontext einer neo-existenzialistischen Konzeption von Personalität. Münster: Mentis-Verlag.

Smith, Adam (1994): Theorie der ethischen Gefühle. übersetzt und hrsg. von Walter Eckstein. Nachdr. mit erneut erw. Bibliogr. von Günter Gawlick. Hamburg: Meiner (Philosophische Bibliothek, 200a/b).

Staaden, Steffi (2016): Rechtschreibung und Zeichensetzung endlich beherrschen: Regeln und Übungen. Paderborn: Ferdinand Schöningh, 2., überarbeitete und erweiterte Auflage.

Steinhoff, Torsten (2007): Wissenschaftliche Textkompetenz. Sprachgebrauch und Schreibentwicklung in wissenschaftlichen Texten von Studenten und Experten. Zugl.: Gießen, Univ., Diss., 2006. Tübingen: Niemeyer (Reihe Germanistische Linguistik, 280).

Steinhoff, Torsten (2008): Kontroversen erkennen, darstellen, kommentieren. In: Fest-Platte für Gerd Fritz. Hg. v. Iris Bons, Thomas Gloning und Dennis Kaltwasser. Gießen. Online verfügbar unter http://www.festschrift-gerd-fritz.de/index.php?main=articles&article_id=38, zuletzt geprüft am 09.03.2017.

Strawson, Peter Frederick (1972): Einzelding und logisches Subjekt (Individuals). Ein Beitrag zur deskriptiven Metaphysik. Übersetzt von Freimut Scholz. Stuttgart: Reclam (Universal-Bibliothek, 9410-14).

Strobach, Niko (2003): Der Philosophie-Studierende als Wissenschafts-Profi. Universität des Saarlandes. Online verfügbar unter http://www.philo.uni-saarland.de/people/analytic/strobach/neueseite/pdfs/Methodik.pdf, zuletzt geprüft am 09.03.2017.

Tetens, Holm (2004): Philosophisches Argumentieren. Eine Einführung. München: C.H. Beck (Beck'sche Reihe, 1607).

Williams, Bernard Arthur Owen (2006): What Might Philosophy Become. In: Bernard Arthur Owen Williams: Philosophy as a humanistic discipline. Hg. v. Adrian W. Moore. Princeton NJ u.a.: Princeton Univ. Press, S. 200–214.

Wilpert, Gero von (2013): Sachwörterbuch der Literatur. 8. Aufl. Stuttgart: Alfred Kröner Verlag. Online verfügbar unter http://gbv.eblib.com/patron/FullRecord.aspx?p=4341624., zuletzt geprüft am 10.03.2017.

Winkler, Iris (2006): Argumentierendes Schreiben im Deutschunterricht im Spiegel von Aufgaben für Lern- und Leistungssituation. In: Elke Grundler und Rüdiger Vogt (Hg.): Argumentieren in Schule und Hochschule. Interdisziplinäre Studien. Tübingen: Stauffenburg-Verl. (Stauffenburg-Linguistik, 42), S. 157–166.

Anfangen, dranbleiben, abschließen? Kein Problem!

Philosophie unterrichten

Christa Runtenberg
Philosophiedidaktik
Lehren und Lernen
Basiswissen Philosophie
ISBN 978-3-8252-4653-2
W.Fink. 1. A. 2016.
170 S., 18 s/w-Abb.
€ 14,99 | € (A) 15,50

Basiswissen für Lehramtsstudierende

Christa Runtenberg führt in die Geschichte der Philosophiedidaktik, ihre zentralen Theorien und Ansätze ein. Das Buch versetzt Studierende in die Lage, Unterricht wissenschaftlich fundiert vorzubereiten und einen eigenen didaktischen Standpunkt zu entwickeln.

Mehr unter www.utb-shop.de